Pierre-Antoine Cousteau

L'AMÉRIQUE JUIVE

the Savoisien & Baglis

DU MÊME AUTEUR

L'Amérique juive, *the Savoisien & Baglis*, 2020.
  1re édition aux Éditions de France ; Paris, 1942.

Hugothérapie, *Ethéel* ; Paris, 1944.

Mine de rien, *Ethéel*, 1944.

Après le Déluge, *the Savoisien & Baglis*, 2020.
  1re édition: *La Libraire française* ; Paris, 1956.

Les Lois de l'hospitalité, *La Libraire française* ; Paris, 1957.

En ce temps là…, *La Libraire française* ; Paris, 1959.

Dialogue de « vaincus » (Prison de Clairvaux, janvier-décembre 1950), (Lucien Rabatet & Pierre Antoine Cousteau), *Berg International*.

───◄◊►───

Les Éditions de France
20, Avenue Rapp, Paris VIIe
Copyright 1942, by Les Éditions de France.
N° d'autorisation : 11.365. — L'imprimerie Moderne,
177, route de Châtillon, Montrouge.

═══════════════
ÉDITION ORIGINALE NON CENSURÉE
═══════════════

Exegi monumentum ære perennius
Un Serviteur Inutile, parmi les autres

Scan, ORC, Correction
Mise en page
20 janvier 2020
Baglis
Pour la **L**ibrairie **E**xcommuniée **N**umérique des **CU**rieux de Lire les **US**uels

À MES CAMARADES DE COMBAT

DE

« *Je Suis Partout* »

L'AMÉRIQUE JUIVE

CHAPITRE PREMIER

LE MIRAGE AMÉRICAIN

> *Les Judéo-Américains sont célèbrement idiots, atterrants de sottise, voyez Roosevelt, Otto Kahn, Morgenthau, Filène, Barush, Rosenthal... Regardez ces têtes de cons...*
>
> Louis-Ferdinand Céline
> (*L'École des Cadavres.*)

Il y a un mirage américain.

C'est un très vieux mirage, un phénomène d'aberration visuelle qui a la vie dure. Depuis deux cents ans, pour des raisons différentes et souvent contradictoires, l'Amérique fascine les gens du vieux monde.

Ce fut d'abord la patrie des « bons » sauvages philosophes qui répandaient des torrents de larmes et pratiquaient la morale naturelle sous l'œil extasié des Pangloss de l'Encyclopédie.

Puis ce fut le « sol sacré de la liberté ». Lorsque, grâce aux soldats du roi de France, les Insurgents eurent contraint les Anglais à opérer leur traditionnel rembarquement, nos « grands ancêtres » poussèrent de grands cris d'allégresse : pour la première fois des hommes émancipés des superstitions monarchiques entreprenaient de se gouverner seuls, *by the people, for the people*...

En même temps qu'elle justifiait par ses institutions les rêveries politiques des hurluberlus européens, l'Amérique offrait à tous les malheureux, à tous les faillis, aux mauvais garçons en rupture de gibet et aux fanatiques en quête de vertu biblique, de merveilleuses perspectives de revanche ou d'évasion. C'était la terre des possibilités illimitées, des casiers judiciaires blanchis, de la ruée vers l'or et de l'oncle à héritage.

Ensuite, ce fut le paradis de la technique et de la machine, de la perfection industrielle, des hauts salaires, du travail à la chaîne et de l'auto pour tous.

Aujourd'hui encore c'est vers l'Amérique que se tournent tous ceux que les bouleversements européens ont plongés dans le désarroi, tous ceux qui n'ont pas compris le sens profond de notre révolution et qui, faute d'imagination, s'accrochent pathétiquement à des mythes éculés, à de vieilles recettes, à l'espérance dérisoire d'impossibles miracles : l'Amérique nous rendra le pain, la paix, la liberté et le *pernod* pour Arthur. On croit à Roosevelt, l'infaillible, le tout-puissant, comme les enfants croient au Père Noël. Avec la même foi mais sans les mêmes excuses.

Car si l'Amérique a jadis symbolisé l'ordre nouveau, si elle a été pendant longtemps un refuge et un exemple, si ses institutions et sa prospérité se sont identifiées avec la notion de progrès, tout ceci a cessé d'être vrai.

L'Amérique n'est plus aujourd'hui qu'une nation réactionnaire où se perpétuent des valeurs périmées, le taylorisme quarantehuitard des bagnes industriels et le verbiage quarantehuitard des tréteaux démocratiques. Elle est comme ces enfants prodiges qui stupéfient leur famille avant de savoir écrire et dont le développement se fige brusquement à l'âge de la puberté. En plein XXe siècle, avec ses maisons géantes, ses locomotives aérodynamiques et ses millions de moteurs, l'Amérique est aussi archaïque qu'un discours de Jefferson. Elle s'est laissée dépasser par les événements. Comme l'ancienne monarchie autrichienne, comme la Turquie des sultans, elle a cessé de marcher au rythme du siècle, elle est perpétuellement en retard d'une idée ou d'une armée : une brillante façade sillonnée d'énormes lézardes qui ne dissimule même plus le bric-à-brac désuet des illusions mortes.

Sans doute le standard de vie élevé d'une partie des masses américaines a-t-il prolongé le mirage. Mais quel mérite y a-t-il à atteindre un certain niveau de prospérité lorsqu'il n'y a qu'à se baisser pour ramasser du pétrole, de l'or, du fer, du charbon ? Dans un pays où les richesses naturelles sont surabondantes, il est inévitable que les individus les moins doués en récoltent au moins quelques miettes.

La prospérité américaine n'est pas la conséquence des principes politiques américains ni du génie américain. Cette prospérité s'est édifiée, il faut bien le dire, *malgré* les Américains. Les hommes étant libres d'agir à leur guise, sans plan directeur, sans obligations sociales, sans contrainte de l'État, ils ont exploité les ressources du pays absolument au hasard et la fameuse *efficiency yankee* se traduit surtout par un gigantesque gaspillage. Les pionniers ont déboisé à tort et à travers ; ils ont anéanti les forêts les plus indispensables à la régularisation du débit des grands fleuves qui débordent maintenant au printemps avec une violence catastrophique. Les fermiers usent de méthodes qui eussent fait rougir les gens de notre moyen âge. Lorsqu'une terre est épuisée, on va semer un peu plus loin, sans songer à alterner les cultures ni à rendre au sol sa fertilité. Le pays est si vaste ... Quant au bétail il s'élève tout seul dans les immenses plaines du Far-West.

Même anarchie dans l'industrie où les ploutocrates des trusts pratiquent un savant malthusianisme. Il ne s'agit pas de fabriquer ce dont les Américains ont besoin, mais ce que l'on peut vendre avec profit. S'il le faut, on réduit la production minière, on met en sommeil les puits de pétrole.

Aucune organisation rationnelle de la conquête intérieure, aucun effort pour répartir équitablement la richesse commune. Sur une terre qui pourrait assurer des ressources normales à cinq cents millions d'êtres humains, cent vingt-cinq millions d'hommes et de femmes vivent dans une perpétuelle insécurité et onze ou douze millions de chômeurs, augmentés de leurs familles n'ont eu pour subsister, de 1929 à la guerre, que les maigres allocations d'un gouvernement privé d'imagination et d'audace.

L'extraordinaire, ce n'est pas que beaucoup d'ouvriers yankees jouissent d'une certaine aisance, c'est que leur niveau de vie soit tout juste supérieur à celui des travailleurs des nations déshéritées, c'est qu'ils ne connaissent pas une opulence cinq fois plus grande, et qu'au pays de la surproduction, des hommes, par millions, soient réduits à l'indigence.

Au point de vue matériel et social, l'échec est complet. Rien qui corrige, qui tempère l'abominable loi de la jungle du libéralisme économique. Au point de vue politique, même néant : des institutions figées, sclérosées, totalement impropres à donner aux problèmes du monde moderne des solutions saines, qui ont tari l'idéalisme américain, corrompu le peuple, rejeté la jeunesse vers le culte exclusif du gangstérisme et de la finance, qui condamnent l'Amérique à l'impuissance, qui la vouent aux pires catastrophes.

Maintenant que l'Amérique est entrée en guerre, aucun doute n'est plus possible. Cette guerre n'était pourtant pas une surprise pour les gens de Washington. Ils l'avaient voulue avec un fanatisme tenace. En deux ans, ils avaient eu largement le temps de s'y préparer. Mais les premiers coups de canon les ont plongés dans un désarroi complet et révélé au monde l'étendue de la débilité américaine. En quelques semaines, les Yankees ont été balayés du Pacifique, privés de toutes leurs bases, dépossédés des comptoirs et des forteresses dont ils avaient jalonné l'Extrême-Orient. Leurs alliés se font écraser sans qu'ils puissent même esquisser un geste d'assistance. Leur terrible flotte, de combat s'est volatilisée. Leurs navires sont attaqués et détruits par les sous-marins allemands à proximité de leurs eaux territoriales. Anglais et Russes implorent vainement un matériel que les Américains sont incapables de fabriquer pour eux-mêmes en quantité suffisante. Selon le mot de M. Abel Bonnard, Roosevelt en est réduit à se promettre à lui-même les avions qu'il promettait depuis deux ans à tous les antifascistes de la terre.

Et s'il en est ainsi, si cette nation qui avait la possibilité matérielle de devenir la plus puissante du monde et de servir d'exemple à l'univers, donne, dans tous les domaines, la démonstration d'une éclatante faillite, c'est parce qu'elle est une démocratie. Et pour comble d'infortune une démocratie juive.

Ainsi tout s'explique, tout devient limpide. On ne peut rien comprendre à l'Amérique si l'on n'a perpétuellement présente à l'esprit cette explication qui est le fil conducteur de la tragédie américaine.

Les échecs américains sont des échecs démocratiques.

L'abomination américaine, c'est l'abomination juive.

Pas autre chose, rien de plus, mais rien de moins.

Un tel destin n'avait pas d'ailleurs le caractère de la fatalité. Certes, les États-Unis ont été fondés par des philosophes divagants, mais le pays eût pu se dégager à mesure qu'il se développait, de l'hypothèque des « immortels principes ». On l'en a empêché. Dans l'histoire des États-Unis, la guerre de Sécession a une importance déterminante autrement importante que la Déclaration des droits. C'est de cette époque que date la confirmation du régime démocratique, c'est la victoire des Nordistes qui a condamné l'Amérique à s'enliser définitivement dans l'ornière démocratique, qui lui a interdit de chercher d'autres solutions ou même d'être tentée de les imaginer.

Ensuite, lorsque la démocratie eut été solidement assise, les Juifs n'ont eu qu'à paraître pour que le pays s'abandonnât à eux. Et ils ont achevé le plus aisément du monde de saccager l'Amérique, de la souiller, de la pervertir. De même que la présence de Blum à la tête du gouvernement français est la conséquence logique de 89 et de 48, de même la facile conquête de l'Amérique par les Juifs ne s'expliquerait pas sans la guerre de Sécession. Lincoln n'a pas seulement libéré les nègres. Il a préparé les cantonnements de l'envahisseur juif. Il a mis son pays en état de moindre résistance, il l'a offert, sans défense possible, aux convoitises effrénées du peuple élu.

CHAPITRE II

L'ÉCRASEMENT DES CIVILISÉS

> *Encore un flan très prodigieux cette fameuse barrière des races U. S. A… Mais, minute ! Je vais à mon tour vous dire un peu l'avenir : un jour, les Juifs lanceront les nègres, leurs frères, leurs troupes de choc sur les derniers « cadres » blancs, les réduiront, tous ivrognes, à l'esclavage. Harlem sera le quartier « blanc ». Les nègres en bringue, ils iront voir, ils feront danser les blancs pour eux, la « blanc boula ».*
>
> LOUIS-FERDINAND CÉLINE
> (*Bagatelles pour un massacre.*)

Bien avant que les coloniaux de Boston se révoltassent contre le roi d'Angleterre (pour une sordide question de taxe sur le thé que les avocats idéalisèrent après coup), deux formes de civilisation parfaitement distinctes se dessinaient sur le nouveau continent.

Le Nord était besogneux, démocrate, égalitaire, puritain et prédicant. Il s'inspirait directement de ces « Pères pèlerins » que le *Mayflower* avait amenés jadis de Hollande, après que leur prosélytisme fanatique les eut rendus indésirables en Écosse d'abord, puis dans les débonnaires Pays-Bas. Ces pionniers étaient des hommes rudes : ils avaient défriché le pays en citant la Bible. Ils méprisaient réellement les biens de ce monde. Leurs fils, par contre, ne tardèrent pas à prendre goût à la richesse. Ils se mirent à gagner frénétiquement des dollars, mais sans pour cela renoncer au vertueux vocabulaire de leurs ancêtres, ni aux marques extérieures de l'austérité. Et les nouveaux immigrants, de pauvres hères plus ou moins hors la loi dans leurs pays d'origine, trouvèrent commode, pour se refaire une virginité judiciaire, de renchérir sur le rigorisme des premiers occupants.

Les Yankees considéraient avec une méfiance extrême sinon avec une franche hostilité tout ce qui venait d'Europe ; les hommes et les choses, les idées et les coutumes. Ils tenaient pour frivole et méprisable tout ce qui embellissait la vie, tout ce qui la rendait aimable ou simplement supportable : les plaisirs les plus innocents tout autant que les divertissements libertins, l'art sous toutes ses formes, le théâtre et la littérature au même titre que les joies de la table ou de l'alcôve. Et par-dessus tout, ils ne toléraient pas la moindre hiérarchie — hormis celle de l'argent — la moindre supériorité du talent ou de l'esprit. Leurs grands-pères avaient émigré par ressentiment contre les mœurs « babyloniennes » du vieux monde, leurs pères avaient lutté les armes à la main contre le « despote » de Londres. Eux, ils se considéraient sur leur terre vierge comme un peuple élu recevant directement du Tout-Puissant la révélation de la sagesse et la récompense matérielle de leur vertu. Dans ces conditions, pourquoi s'embarrasser de traditions ? Les traditions étaient haïssables. Elles ne pouvaient être qu'un fardeau inutile ou nuisible, l'héritage de Satan. Seul le mérite personnel comptait et ce mérite ne pouvait immanquablement s'évaluer qu'en dollars. C'est dans la Nouvelle-Angleterre qu'a pris naissance cette habitude désormais répandue dans les quarante-huit États de ne juger un individu qu'en fonction de sa réussite matérielle et de donner au succès une signification morale. Si un homme gagne de l'argent, c'est parce que Dieu est avec lui, et si Dieu est avec lui, c'est parce que c'est un juste.

Par leur recrutement, par leur formation philosophique, les Nordistes étaient à la fois prédisposés à entretenir soigneusement les préjugés démocratiques et à n'avoir que le culte du dollar.

Le Sud était bien différent. La vie y était aimable et facile, parée de toutes les grâces aristocratiques du XVIIIe siècle. Certes, on n'y méprisait pas l'argent, mais ce n'était pas, en deçà de la ligne de Dixie, le seul titre de noblesse. Les Sudistes étaient très fiers d'avoir pour ancêtres des émigrants « avouables » qui n'avaient été ni des missionnaires indésirables, ni des aventuriers traqués par les tribunaux d'Europe.

Socialement, un planteur pauvre dont la famille avait fait souche et dont on savait qu'il se conduisait en gentleman avait une position beaucoup plus enviable qu'un spéculateur heureux.

Les gens du Sud maintenaient d'autre part un contact étroit avec leurs patries d'origine. Ils en conservaient les mœurs et les traditions. Les filles copiaient leurs robes sur celles des dames de la cour de France et les garçons s'en allaient à Oxford ou à Paris achever leurs études et acquérir surtout ce vernis de politesse qui est l'apanage des civilisations raffinées.

Dans le Sud, on ne rougissait pas de posséder une bibliothèque. Les loisirs n'étaient pas tenus pour un péché mortel. De plantation à plantation, on multipliait les occasions de se rencontrer, on invitait des amis ou des parents, on les retenait ensuite, des journées entières, parfois des semaines, en s'ingéniant à imaginer pour eux d'aimables divertissements dans le goût du Trianon de Marie-Antoinette.

De plus, les gens du Sud n'acceptaient la démocratie que du bout des lèvres, parce que c'était la mode, parce qu'à l'époque, surtout en Amérique, il eût été inconcevable d'attaquer de front les « immortels principes ». Mais au fond d'eux-mêmes ils étaient acquis aux idées d'autorité. On le vit bien pendant la guerre. Alors que Lincoln se perdait à Washington en intrigues parlementaires, alors qu'il s'usait en bavardages de sous-commissions et changeait de général en chef comme de chemise pour satisfaire des électeurs influents, les Sudistes acceptèrent d'emblée, sans discussion, le principe de la dictature et laissèrent le président Davis absolument libre de mener à sa guise les affaires de la Confédération.

Enfin, il y avait, dans les États du Sud les éléments d'une doctrine raciste. Entendons-nous bien : aujourd'hui, tous les Américains sont racistes dès qu'il s'agit des jaunes ou des noirs, mais c'est là un réflexe de défense, une attitude individuelle que désavouent les philosophes et les législateurs et que les citoyens osent à peine avouer. Pratiquement, on n'épouse pas une négresse et on ne mange pas à la même table qu'un nègre. Officiellement, les plus affligeantes cornichonneries de notre XVIIIe siècle sont devenues, grâce à la victoire des Nordistes, l'esprit des lois américaines : tous les hommes sont égaux, tous les hommes se valent (1). On voit tout le parti que les Juifs peuvent tirer d'un pareil état d'esprit pour s'infiltrer parmi des gens dont le racisme instinctif se

---

1. — En principe, naturellement. Pratiquement, les lois qui régissent l'immigration favorisent les Nordiques au détriment des Méditerranéens et des Slaves considérés comme appartenant à des races inférieures. Mais c'est là une discrimination dont l'antiraciste Roosevelt ne se vante pas.

limite à la couleur de la peau et qui demeurent néanmoins, sur le plan théorique, des doctrinaires de l'antiracisme.

C'est seulement dans les États du Sud, qu'avant la débâcle dé 1864, on prenait position avec une absence d'hypocrisie dont il ne reste plus trace aujourd'hui. Le Sud, raciste de fait, ne rougissait pas de l'être ouvertement, franchement. Dès que la Confédération se fut constituée, le vice-président du nouvel État se hâta de proclamer :

> *L'idée dominante de Jefferson et de la plupart des hommes d'État éminents au moment de l'élaboration de l'ancienne constitution fut que l'esclavage des Africains est une violation de la loi de nature. Notre nouveau gouvernement est bâti sur une idée tout à fait opposée ; ses fondations sont faites, sa pierre angulaire repose sur la grande vérité que le nègre n'est pas égal à l'homme blanc ; que l'esclavage, la subordination à la race supérieure est sa condition naturelle et normale. Notre nouveau gouvernement est le premier dans l'histoire du monde qui soit basé sur cette grande vérité physique, philosophique et morale. L'architecture de notre société est faite de la matière jugée nécessaire par la nature ; et par expérience nous savons qu'il vaut mieux, non seulement pour la race supérieure, mais aussi pour la race inférieure qu'il en soit ainsi.*

Il n'est pas douteux que s'ils eussent gagné la guerre, des gens qui professaient aussi hardiment la grande théorie moderne de l'inégalité des races auraient su se défendre contre un péril autrement redoutable que le péril nègre : l'invasion juive.

On ne leur en laissa ni le temps ni les moyens. Une des deux Amériques était de trop. Depuis le début du XIXe siècle, le fossé s'était élargi entre le Nord et le Sud. L'incompatibilité d'humeur était trop évidente pour que, tôt ou tard, les échanges de propos aigres-doux ne se transformassent pas en conflit ouvert. Les choses cependant auraient pu demeurer en l'état longtemps encore, car c'était l'intérêt des deux adversaires de continuer à faire partie de la même unité économique, si, vers le milieu du siècle, cette querelle de tendance ne s'était aggravée d'une querelle de gros sous. Dès lors, les Yankees oublièrent que la constitution rédigée par les fondateurs de la République entendait préserver l'indépendance des États et les laisser libres, dans le cadre fédéral, de s'administrer à leur guise. Étant les plus forts, ils n'hésitèrent pas à interpréter la constitution à leur manière, à imposer par la force à la fois leur dictature économique et leur philosophie de l'existence. Lorsqu'on nous explique, à l'école, que l'esclavage fut la cause et l'enjeu de la guerre de Sécession, on se moque effrontément de nous. La guerre de Sécession fut une guerre de tarifs douaniers. Pas autre chose. Le Nord était protectionniste, le Sud libre-échangiste. Le Nord s'était rapidement industrialisé, il avait besoin pour ses produits manufacturés d'une forte protection. Le Sud, au contraire, vivait de ses exportations de coton, il trouvait plus avantageux d'acheter ses machines et ses étoffes dans les pays d'Europe où il écoulait ses récoltes. Mis en demeure de subir la loi du nombre, le Sud, à plusieurs reprises, menaça de se retirer de l'Union. C'eût été pour les businessmen yankees une catastrophe : ils eussent perdu à la fois d'immenses débouchés commerciaux et l'accès à la mer par le Mississipi — *the old man river* — dont le contrôle est indispensable à la prospérité du Middle West. Chaque fois un compromis plus ou moins satisfaisant permit d'ajourner provisoirement le conflit. D'année en année, cependant, la querelle devenait plus aiguë, la sécession plus menaçante. Or, il était bien évident que les Nordistes n'accepteraient jamais un divorce, qu'ils iraient jusqu'à la guerre, s'il le fallait, pour maintenir l'Union et conserver leurs clients. Seulement, une guerre pour des tarifs douaniers, ça n'est pas très avouable. Il est beaucoup plus reluisant de proclamer que l'on se bat pour la fraternité humaine, le droit, la justice, la liberté, la démocratie et l'affranchissement des esclaves. L'affranchissement des esclaves fut l'alibi des Yankees.

Ce faisant, les ploutocrates du Nord ne manquaient pas d'une certaine audace. Car, eux-mêmes, ils se livraient à la traite des esclaves, ils avaient donné à l'esclavage la forme subtile et féroce qu'il a conservé jusqu'à nos jours dans les pays libéraux.

Dans le Nord, en effet, tout comme dans le Sud on avait un urgent besoin de main-d'œuvre. Mais les descendants des premiers colons qui avaient défriché le pays s'étaient détournés, en se faisant industriels ou banquiers, des travaux manuels, et, d'autre part, l'emploi des esclaves noirs s'était révélé décevant. Les nègres transplantés coûtaient trop cher à entretenir, leur rendement était maigre, ils supportaient malaisément les rigueurs du climat, on les avait donc affranchis, mais, pour combler cette lacune, on s'était mis à importer d'Europe, en masses compactes, des travailleurs « libres ».

Des sergents recruteurs d'un nouveau genre prospectaient les bouges d'Irlande ou des Balkans, ramassaient les pauvres bougres par centaines de mille et les expédiaient en Amérique, dans les entreponts des paquebots, nantis d'un maigre viatique et d'extravagantes promesses. À leur arrivée, ces parias, qui, pour la plupart, ne parlaient pas l'anglais, étaient absolument incapables de se défendre. Il leur fallait subir exactement toutes les conditions de leurs employeurs : douze ou quatorze heures de travail par jour pour un salaire qui leur permettait tout juste de ne pas mourir de faim. Le sort de ces malheureux blancs était pire que celui des esclaves officiels, car en cas de maladie le patron n'était nullement tenu d'assurer leur subsistance et il n'était naturellement pas question de leur verser pour leurs vieux jours la moindre retraite.

Il est piquant de constater qu'aucun des tribuns qui ont tonitrué avec tant de véhémence contre la barbarie de l'esclavage dans les États du Sud ne semble s'être inquiété du sort des immigrants que l'on déchargeait chaque semaine, par pleins bateaux, sur les quais de New-York ou de Boston. Mieux, ces mêmes tribuns ont été souvent les plus acharnés à proclamer que le droit de grève (après tout c'était le seul recours de ces malheureux) eût été une abominable atteinte aux droits sacrés du patronat.

Comparativement, les vrais esclaves des plantations de coton étaient beaucoup mieux traités. Avec le temps, aux environs des années 60, l'esclavage s'était humanisé, il était devenu patriarcal.

Les Sudistes traitaient leurs esclaves non point évidemment comme leurs égaux — ils étaient trop justement conscients de leur supériorité — mais avec une condescendance familière dont la sympathie n'était pas exclue. Pour la plupart, d'ailleurs, ils avaient été élevés par une de ces mammies d'ébène, plantureuses et tyranniques, qui prenaient dans chaque foyer l'importance des nourrices du vieux répertoire espagnol. Ils connaissaient les nègres, ils savaient leur parler, leur inspirer confiance. Bien rares étaient ceux qui abusaient de leur pouvoir. La haine des races, en tout cas, était un sentiment totalement inconnu. Cette haine n'a pris naissance que plus tard, après l'émancipation, après, que les « idéalistes » de Washington eurent déchaîné la guerre civile.

Et puis l'esclavage se résorbait progressivement. Personne n'imaginait évidemment de faire des affranchis les égaux politiques des hommes blancs, mais de profondes réformes étaient en gestation qui tendaient à améliorer le sort des noirs sans compromettre l'équilibre social.

Si la libération des esclaves avait été la seule ambition des Nordistes, il est certain que la guerre de 60 n'aurait pas eu lieu. C'est néanmoins le prétexte qu'invoquèrent les pieux pharisiens du Septentrion.

Le conflit dura quatre longues années. Ce fut la plus acharnée, la plus meurtrière des guerres du XIXe siècle. Jusqu'au bout les Sudistes résistèrent farouchement à un contre quatre, défendant avec un héroïsme magnifique chaque pouce carré de leur territoire. À l'appel du président Davis, le pays entier s'était dressé. Alors que, dans le Nord, la conscription n'atteignait qu'un pourcentage relativement minime de la population, dans le Sud, tous les hommes en âge de porter les armes s'enrôlèrent dans les rangs de l'armée confédérée. Des familles entières revêtirent l'uniforme, comme cela s'est vu, depuis, dans la catholique Navarre, où les vieillards et les adolescents s'élancèrent pêle-mêle au combat pour sauver l'Espagne du bolchevisme, laissant derrière eux de grands villages déserts.

Rien de sordide dans cette résistance. Ce n'étaient pas leurs privilèges « féodaux » que défendaient les Sudistes, c'étaient leurs foyers, leur honneur, leurs libertés, leur philosophie de la vie. Ah ! elle était bien oubliée la querelle de l'esclavage, si oubliée que le congrès de l'Union ne se rappela la question nègre qu'après deux ans de guerre. Encore ne vota-t-il la loi qui fit de tous les esclaves des hommes libres et des citoyens que pour des raisons de propagande et de stratégie, afin de donner une satisfaction à la « conscience universelle » et pour tenter de provoquer des insurrections dans les États du Sud. Mais ce deuxième objectif ne fut pas atteint. Les soldats de couleur qui prirent part à cette guerre furent très sensiblement plus nombreux dans les rangs sudistes que dans les rangs nordistes.

Enfin, accablés sous le nombre, honnis par le monde entier qui s'était laissé prendre à la fable du généreux idéalisme nordiste, privés d'armes et de munitions, réduits par le blocus à la plus affreuse disette, les confédérés capitulèrent. Et les Nordistes se mirent à exploiter sauvagement leur victoire. Non seulement les Sudistes furent dépossédés de leurs droits politiques, non seulement on leur enleva leurs biens (sous prétexte qu'ils ne pouvaient plus payer d'impôts) et l'on installa à leur place des colons yankees, mais encore on leur imposa, à la force des baïonnettes, des gouvernements locaux et « librement » élus composés uniquement de nègres analphabètes manœuvrés par des aventuriers rapaces, les *carpet baggers*. Il est sans exemple qu'une nation vaincue ait été physiquement anéantie avec tant de méthode et de raffinement. Jadis les conquérants passaient leurs victimes au fil de l'épée. Il est permis de trouver ce procédé plus humain que les méthodes de la « reconstruction » yankee.

Les États du Sud ne se sont pas remis de cette débâcle, et surtout jamais l'Amérique n'a retrouvé son équilibre ni les moyens de justifier les espérances qu'avaient fait naître ses premiers balbutiements. L'Amérique civilisée traditionaliste, humaine, autoritaire, hiérarchisée, celle qui tenait en puissance les germes du fascisme était assassinée. L'autre Amérique triomphait, celle des puritains agressifs, des maîtres de forges et du charabia démocratique. Merveilleux fumier offert à l'invasion juive. De tous les ghettos d'Europe et d'Orient les rapaces aux doigts crochus allaient se précipiter à la curée.

C'est aux environs de 1890 que les Juifs ont lancé sur le nouveau monde leurs premières vagues d'assaut. En moins d'un demi-siècle la conquête était achevée.

L'Amérique tout entière était entre leurs mains.

―◁o▷―

CHAPITRE III

LA TERRE PROMISE

> *Louis XIV n'était qu'un très petit sire en fait de victoires à côté de Félix M. Warburg de New-York.*
>
> Louis-Ferdinand Céline
> (*Bagatelles pour un massacre.*)

En classant de vieux papiers, à mon retour de captivité, j'ai retrouvé un document accablant : l'annuaire du lycée américain *De Witt Clinton high school*, où j'ai passé, en 1921, neuf mois de mon enfance. J'avais oublié cet intermède. Ou plutôt, je n'en conservais qu'un souvenir assez vague de vacances transatlantiques, de parties de baseball sur l'herbe pelée des squares, de vagabondages avec de jeunes brutes en knickerbockers qui avaient la dégaine des « Anges de l'enfer », et aussi la hantise de ces soirées atroces où je tentais de traduire du latin en anglais et de l'anglais en latin, en ignorant à peu près tout de l'une, et de l'autre langue.

L'annuaire de *De Witt Clinton high school* a ressuscité en moi, vingt ans après, l'image de mes petits camarades. Car on les a abondamment photographiés, mes petits camarades. Il y a le groupe des forts en thème, le groupe des joueurs de saxophone, le groupe des philatélistes, le club des « bonnes histoires », les champions de natation, les policiers, les joueurs de football, les amis de la nature, les juristes, les amateurs de reportage, le radio club ... Toutes ces photos sont excellentes, d'une impitoyable netteté. Toutes, sauf une, celle de la préparation militaire, où ne figurent — naturellement ! — que des aryens, sont des photos de ghetto. Elles résument l'Amérique. Elles sont l'Amérique.

Je l'avoue à ma grande confusion : en 1921, je ne l'avais absolument pas compris, je n'avais pas soupçonné le drame qui se déroulait sous mes yeux, ni les enseignements qu'il m'eût été possible d'en tirer, autrement précieux que la connaissance de quelques tirades de *Midsummer night's dream* ou de *Cicero's orations*. Mes camarades s'appelaient Samuel Asofsky, Alfred Baum, Nathan Beckenstein, Berkovitz, Bernstein, Jacob Cohen, Nathan Cohen, Morris Cohen, Eisenstein, Eliasberg, etc., etc... L'orchestre était dirigé par Rapaport, la troupe de théâtre par Bercovici, l'équipe de rugby par Lévy, le baseball par Samuels, le football par Boulotchnick, le tennis par Neuberger. Rosenthal s'occupait de la bibliothèque et Rosenbaum de l'Economics club. Aaron Œsterreicher avait la charge du réfectoire et Oppenheim de la police intérieure. Je n'invente rien, je me borne à recopier mon vieil annuaire...

Des professeurs, qui s'appelaient Salomon ou Goldbloom, nous disaient gravement que l'Amérique est peuplée d'Anglo-Saxons et que « nos ancêtres » avaient enseigné la liberté au monde, après s'être insurgés, en 1776, contre le roi d'Angleterre et défriché un empire. Ça n'était pas moins saugrenu que la classique leçon d'histoire aux petits nègres du Sénégal : « Nos ancêtres, les Gaulois... » Mais cet humour m'échappait. Je ne me rendais pas compte que mes petits camarades étaient des Juifs, que l'école était juive, que New-York était une métropole juive, que le pays tout entier était soumis aux Juifs. Tout ce qui, d'instinct, me choquait, tout ce contre quoi s'insurgeaient mes réflexes d'adolescent aryen, je ne comprenais pas, je ne pouvais pas comprendre que ce n'était pas l'américanisme, mais le judaïsme triomphant. Mon excuse est que j'avais quatorze ans et que personne n'avait jamais pris la peine d'ouvrir mes yeux sur la réalité juive...

Qui donc, d'ailleurs, eût pu m'informer ? C'était l'époque où des douzaines d'écrivains français migrateurs découvraient périodiquement l'Amérique avec de grands cris extasiés. Ils découvraient tout, en Amérique : les ascenseurs vertigineux, les frigidaires, le chewing-gum, les gangsters, le *sex appeal*, les bars automatiques, les abattoirs, les *five and ten cents*, le système Taylor et les *petting parties*. Tout, sauf l'essentiel, sauf les Juifs. Certains poussaient la conscience professionnelle jusqu'à noter, en passant, qu'il y avait à New-York une « importante communauté israélite ». Mais ils disaient cela d'un petit ton détaché et pudique, comme s'il s'était agi d'une constatation d'un intérêt secondaire, avec autant de sang-froid que pour noter le charme des demoiselles californiennes et l'attrait des *speakeasies*.

On n'oubliait jamais, par contre, de nous parler copieusement des nègres, de l'envahissement nègre, du péril nègre ! Comme si ce péril existait ! Les nègres seraient-ils deux, trois, quatre fois plus nombreux que cela ne présenterait aucun danger pour la communauté aryenne, puisque, sur ce point, tous les Américains sont conscients de la nécessité de protéger la race blanche. Il importe peu que trente États sur quarante-huit interdisent par une loi écrite les mariages mixtes : c'est dans quarante-huit États sur quarante-huit que les « préjugés » s'opposent à ces mariages avec une intransigeance, une vigueur, une efficacité que jamais aucun règlement de police ne pourra atteindre. De plus, les nègres n'ont aucune puissance économique, aucune influence politique ; ils ne contrôlent aucune banque importante, aucun trust, ils n'éditent aucun grand journal et s'ils pénètrent au théâtre ou à la radio, c'est seulement comme chanteurs de jazz. Quoi qu'on en dise, la question nègre ne se pose pas. Elle s'est réglée d'elle-même sans textes de loi par la subordination des noirs aux blancs, par l'édification d'une invisible barrière qui interdit aux noirs, dans tous les domaines, l'accès des zones d'influence blanche.

Le problème juif si bien escamoté par les écrivains français est autrement redoutable. Le plus sérieux des spécialistes de l'Amérique, M. André Siegfried, consacre aux Juifs exactement trois pages de son si remarquable ouvrage sur les États-Unis. Il note que, de tous les étrangers, les Juifs sont ceux qui donnent l'impression de s'adapter le plus aisément, de s'américaniser avec le plus de zèle, avec trop de zèle même, mais qu'il ne faut pas s'y fier et que :

« *...finalement ces pseudo-assimilés de la première heure demeurent à l'état de ferment hétérogène ; on les distingue, non mêlés au fond du creuset.* »

C'est l'esquisse du problème. M. André Siegfried ne va pas plus loin et aucun des découvreurs contemporains du nouveau monde n'a tenté de donner une explication juive de l'Amérique. C'était plus prudent. Si ces Christophe Colomb de plume avaient révélé le vrai visage juif de l'Amérique, et en supposant qu'ils eussent trouvé un éditeur assez téméraire pour imprimer leur prose, que de représailles, quel boycottage !

Car, dans les pays démocratiques, le complot juif jouit de cet étonnant privilège : il peut s'étaler au grand jour, s'afficher avec insolence sans que personne ait le droit d'en dire un mot. On appelait cela, jadis, la liberté de la presse.

Et pourtant, la chose crève les yeux. Je suis retourné aux États-Unis en 1929 et en 1935, avec un peu plus de maturité d'esprit qu'en 1921, et j'ai alors découvert sans peine ce que l'on prenait tant de soin à nous cacher.

Naturellement, la conquête n'est apparente que dans les grandes villes. Il y a 1.800.000 Juifs à New-York, 300.000 à Chicago, 247.000 à Philadelphie, plus de 50.000 à Baltimore, à Boston, à Cleveland, à Détroit, à Los Angeles, à Saint-Louis.

À New-York, un médecin sur trois et un avocat sur deux sont Juifs. Juif, le théâtre, juif le cinéma, juives la presse et les deux grandes chaînes de radiodiffusion : *Columbia Broadcasting System* et *National Broadcasting Corporation*. Juives les banques et la politique…

New-York, nous dit-on, n'est pas l'Amérique. Comme c'est malin ! Est-ce que Paris, par hasard, ne serait pas la France ? De même qu'une armée d'occupation n'a pas besoin de s'installer dans tous les villages, dans toutes les maisons pour tenir un pays et qu'il lui suffit de contrôler les grands centres et les points stratégiques, de même les Juifs sont les maîtres d'une nation lorsqu'ils se sont emparés de la capitale, lorsqu'ils ont domestiqué le pouvoir politique, lorsqu'ils détiennent la direction des grandes entreprises économiques et qu'ils ont le monopole des moyens d'expression. Le nombre ne fait rien à la chose. Sur 125 millions d'habitants, il n'y a guère que 4.500.000 Juifs aux États-Unis. Mais en Afrique aussi, les nègres sont beaucoup plus nombreux que les blancs. Les blancs sont cependant les maîtres, et rien ne s'y fait sans leur permission. En Amérique, les aryens de souche britannique, scandinave, allemande ou française, sont les nègres de la juiverie.

Moins discret que les pudiques voyageurs français de l'entre-deux-guerres, l'écrivain américain Werner Sombart en a convenu dans un ouvrage plein de tendresse pour les Juifs. Nous lisons à la page 51 de *Jews in economic life* :

« Dans une certaine mesure nous pouvons dire que les États-Unis doivent à l'influence juive ce qu'ils sont, ce qu'est leur américanisme, car ce que nous

appelons américanisme n'est que l'esprit juif qui a trouvé son expression définitive... Et à cause de l'énorme influence que l'Amérique n'a cessé d'exercer depuis sa découverte sur la vie économique de l'Europe et sur la culture générale de l'Europe, le rôle joué par les Juifs dans la construction d'un monde américain est devenu d'une importance capitale pour révolution prise en bloc de notre histoire. »

Ainsi, Werner Sombart ne se borne pas à constater la conquête de l'Amérique, il entrevoit la conquête du monde avec les États-Unis pour tremplin, il renchérit sur la fameuse prophétie de Benjamin Franklin qu'il faut rappeler ici car jamais on n'a posé le problème avec autant de clairvoyance. Benjamin Franklin n'était pourtant pas un agent de l'Allemagne, ni un fasciste hitléro-nippon. Nommé en 1749 grand maître de la loge de Pensylvanie par Thomas Oxnard, grand maître de la nouvelle Angleterre, Franklin était l'ornement de la franc-maçonnerie américaine, l'enfant chéri de nos encyclopédistes, l'idole des grands ancêtres de 89. Cela ne l'empêcha pas de prononcer, en 1787, au cours de la discussion de la constitution des États-Unis, le discours que voici :

> « *Dans tous les pays où les Juifs se sont établis en grand nombre, ils ont abaissé son niveau moral, avili son intégrité... Ils ont tourné en dérision la religion chrétienne, ils ont établi un État dans l'État.*
>
> « *Si vous ne les excluez pas, dans deux cents ans, vos descendants travailleront aux champs pour leur fournir leur subsistance pendant qu'eux seront dans leurs banques en train de se frotter les mains.*
>
> « *Je vous préviens, Messieurs, que si vous n'excluez pas les Juifs, vos enfants vous maudiront dans vos tombeaux.*
>
> « *Les Juifs, Messieurs, sont des Asiatiques ; ils ne seront jamais autrement. Leurs idées ne sont pas conformes à l'idéal américain et elles ne le seront jamais, même s'ils vivent parmi nous pendant dix générations.*
>
> « *Un léopard ne saurait changer ses taches. Les Juifs sont des Asiatiques. Ils sont une menace pour le pays qui les admet et ils devraient être exclus par la Constitution.* »

Deux cents ans ne se sont pas écoulés, mais tout s'est passé très exactement comme l'a dit Benjamin Franklin.

Oh ! bien sûr, il n'y a pas que des Juifs aux États-Unis. Seulement pour voir des aryens, il faut quitter New-York, s'enfoncer dans les campagnes, découvrir ces petites villes du Middle West qui s'appellent

Vincennes, Paris, London, Bismarck, La Grange ou Des Moines, où vivent les descendants des pionniers de l'époque héroïque, les fils de ces hommes rudes qui se sont élancés, à cheval, vers l'Ouest mystérieux, emmenant femmes et enfants dans des carrioles bâchées, qui ont conquis le pays à coups de carabine, qui l'ont défriché à la sueur de leur front.

Ces gens-là sont les vrais Américains. Ils ont conservé, malgré le triomphe de la civilisation mécanique et les ravages du cinéma et de la radio, la gentillesse un peu brutale, un peu indiscrète, la simplicité et le courage des nomades de la « *Caravane vers l'Ouest* » et de la « *Chevauchée Fantastique.* »

Lorsque je faisais, en 1929, le tour des États-Unis avec trois jeunes Yankees, j'ai appris à connaître et à aimer ces Américains-là, ces Américains oubliés. On trouve parmi eux une hospitalité merveilleuse, l'hospitalité de la prairie. Le temps n'est pas loin où il suffisait d'entrer dans un ranch et de demander poliment un cheval pour qu'on vous le donnât aussitôt, sans explications. Mais quiconque était surpris en train de voler un cheval était pendu séance tenante.

En 1929, l'étranger, le véritable étranger qui arrivait d'Europe (dans le *Middle West*, les gens de New-York sont également appelés des étrangers) était aussitôt l'objet d'une curiosité chaleureuse. Il fallait absolument qu'il racontât son histoire. Et les gens l'écoutaient, bouche bée, un peu incrédules toutefois, sollicitant des précisions saugrenues et s'émerveillant :

— Non ! vraiment, il y a des haricots en France !... Vraiment ?... Encore un peu de whisky de contrebande...

On oubliait leurs ridicules. On était conquis. On pensait :

« *Comme ils sont « braves » !* »

Nous campions chaque soir et, un lundi, dans le Kansas, le mandat que nous recevions chaque semaine de New-York n'arriva pas. Nous n'avions plus rien à nous mettre sous la dent, mais nous étions trop fiers pour demander la charité. Un jour, deux jours se passèrent ainsi. Le troisième jour, un fermier surgit :

— *Boys*, je vous observe depuis dimanche. Jamais je ne vous vois manger. Vous restez là, étendus en bordure de mon champ. Que se passe-t-il ?

Nous lui avouâmes la vérité. Il se fâcha :

— Vous ne pouviez pas me dire ça plus tôt ? Allez, ouste ! Venez à la ferme.

Et il nous offrit un repas fantastique dont je garde encore le souvenir avec une extraordinaire précision. Le fermier parlait simplement des choses de la terre, un peu comme les artisans de Péguy parlent de leur métier, avec bon sens, avec amour. Il nous dit aussi combien sa tâche était rude, compliquée qu'elle était par la féroce ingérence des trusts tentaculaires qui prélevaient leurs dîmes sur le tracteur, sur les engrais, sur la récolte et qui avaient merveilleusement perfectionné la technique du rançonnement en imaginant un système de crédit qui achevait de dépouiller le fermier. Franklin l'avait prévu :

> « *Vos descendants travailleront aux champs... et* « *ils* » *seront dans leurs banques en train de se frotter les mains.* »

Aux champs et dans les usines. Il n'y a pas plus d'ouvriers juifs dans les grandes entreprises industrielles qu'il n'y a de Juifs dans les fermes du *Middle West*. Henry Ford l'a dit en décembre 1938, au cours d'une interview qui a quelque peu scandalisé là « conscience universelle » des journalistes new-yorkais :

> « *Il est inutile, a-t-il constaté, de m'envoyer à Détroit des réfugiés juifs venus d'Allemagne. L'expérience prouve qu'ils ne restent jamais. Ils acceptent du travail pendant quelques semaines, le temps de se retourner un peu et de se faire quelques relations, et puis ils s'en vont ailleurs. Les* « *jobs* » *qu'on pourrait leur trouver chez moi ne seraient que des marchepieds, un tremplin pour s'élever à des postes de direction...* »

On s'en doutait un peu. Les Juifs ne vont pas en Amérique pour défricher ou pour construire. Ils y vont pour profiter du travail aryen. Leur invasion est d'ailleurs toute récente et c'est là un fait sur lequel on ne saurait trop insister. Au XVIIIe siècle et pendant presque tout le XIXe siècle, à une époque où la colonisation comportait des dangers réels et de pénibles efforts physiques, il n'y avait pratiquement pas de Juifs en Amérique. Rien pourtant ne les empêchait de venir, aucune loi ne restreignait l'immigration. N'importe qui pouvait débarquer, louer ses bras ou s'enfoncer, le fusil à la bretelle et la hache à la main, à travers les solitudes que peuplaient, seuls, les fauves et les Indiens. À ce moment, les Juifs n'étaient ni plus ni moins malheureux qu'au XXe siècle, dans les ghettos d'Europe. Mais ils préféraient ces ghettos aux risques de la conquête.

C'est seulement lorsque l'« âge de la frontière » — comme l'appelle l'historien américain Adams — fut révolu, c'est-à-dire à partir de 1890, qu'ils se ruèrent à la curée, en masses profondes, animés d'une dévorante frénésie. Ils arrivèrent de partout, d'Allemagne, de Pologne, de Russie, des Balkans. On hésite, tellement cette comparaison est banale, à écrire qu'ils arrivèrent « comme une nuée de sauterelles ». Mais comment s'exprimer autrement ? L'invasion juive des États-Unis, c'est tellement une invasion de sauterelles ! Aux pionniers aryens, les efforts ingrats et rebutants, et aux parasites la moisson, la belle moisson de cette terre prodigieusement riche. À eux, l'or et le pétrole ; à eux le blé et le fer. À eux, les banques et le Capitole.

La conquête des États-Unis par les Juifs atteint à une sorte de perfection. En moins d'un demi-siècle, les conquistadors aryens, ont été refoulés, dépossédés, réduits un peu partout à des emplois secondaires, à des besognes vulgaires. Et les nouveaux messieurs se sont installés, occupant un à un les points stratégiques, délogeant successivement les anciens occupants des bastions dont ils croyaient s'être assuré la garde pour l'éternité. Du travail bien fait, un beau nettoyage.

Déjà, à la veille de l'autre guerre, c'est-à-dire vingt cinq ans à peine après le début de la conquête, les Juifs occupaient en Amérique des positions si importantes qu'on ne pouvait plus rien entreprendre sans leur consentement. M. André Tardieu qui fut haut-commissaire de la France aux États-Unis d'avril 1917 à novembre 1918 raconte non sans quelque naïveté, dans *L'Année de Munich*, comment il en eut la révélation. Sa mission avait été reçue correctement, mais sans plus et il se heurtait à une sorte d'indifférence souriante qui compliquait singulièrement sa besogne. Pour tout dire, les « Américains » se moquaient pas mal de la France, de La Fayette, des grands souvenirs d'une fraternité historique tout juste capable d'animer les fins de banquets, à l'heure des discours.

Par contre, la mission britannique qui opérait parallèlement obtenait exactement tout ce qu'elle sollicitait et M. André Tardieu s'aperçut soudain que son chef, le vicomte Reading, était né Rufus Isaac. Cet aristocrate hébreu ne perdait pas son temps à courtiser les aryens. Il allait droit au but, il faisait le siège du juge Brandeis qui était le confident du paralytique Wilson, et ses officiers, juifs pour la plupart, ne prospectaient que les milieux juifs. M. André Tardieu comprit que c'était la clef du problème, que s'il voulait éviter un échec, il lui fallait abandonner les rengaines sur La Fayette et séduire les véritables maîtres du pays. Il adjoignit donc aux aumôniers de son service d'information deux rabbins photogéniques qu'il ne manqua aucune occasion de mettre en vedette et il s'entoura, lui aussi, d'officiers juifs copieusement décorés qui racontaient à qui voulait les entendre leurs « exploits » guerriers et galvanisaient de leur mieux leurs frères de race de New-York. Puis M. Tardieu se fit envoyer par Pichon, notre ministre des Affaires étrangères, un télégramme qu'il avait lui-même rédigé et qui contenait l'adhésion de la France au projet Balfour concernant la création d'un foyer israélite en Palestine.

Dès qu'il eut son télégramme, M. Tardieu l'apporta au juge Brandeis qui, dit-il, « pleura de joie ». Dès lors, la cause était gagnée. Et M. Tardieu de conclure :

« *Nos relations avec le gouvernement américain, la finance américaine et la presse américaine dont nous avions un impérieux besoin me furent grandement facilitées.* »

On ne saurait expliquer plus clairement que déjà, en 1917, les aryens ne comptaient guère plus, aux États-Unis. Mais depuis, la situation n'a fait que s'aggraver. La pieuvre juive a poussé partout ses tentacules, étendu partout sa domination.

Le fin du fin, c'est que cette gigantesque expropriation s'est accomplie sans que les vrais Américains se rendissent compte de ce qui leur arrivait. D'abord, les premiers immigrants juifs leur étaient plutôt sympathiques. Ils étaient si humbles, si souriants, si habiles à inspirer la compassion ! Ils étaient de plus le peuple biblique, les enfants de Jéhovah et les puritains du Nord étaient bien trop imprégnés de l'Ancien Testament pour ne pas se sentir en communion d'esprit avec des gens qui se recommandaient de la même inspiration métaphysique, qui étaient rompus aux mêmes disciplines philosophiques, familiarisés avec les mêmes récits palestiniens. Dans une certaine mesure, un puritain est plus près d'un juif que d'un catholique. Et puis comment les Américains se fussent-ils méfiés ? Leur vigilance était paralysée par l'idéologie politique que les fondateurs de la Constitution leur avaient léguée et dont l'issue désastreuse de la guerre de Sécession avait définitivement consolidé le dogmatisme puéril : un homme en vaut un autre, tous les hommes sont frères, il suffit d'une génération pour faire d'un Russe ou d'un Espagnol un Américain 100 %.

Et c'était vrai, en effet, pour les Russes, pour les Espagnols, pour tous les autres représentants de la grande famille européenne. Après une ou deux générations, les immigrants s'étaient fondus dans le creuset américain, ils avaient oublié leurs origines, ils pensaient, ils réagissaient en Américains.

Les Yankees de vieille souche avaient vu tellement de nouveaux venus s'assimiler presque instantanément, qu'ils furent sans méfiance lorsque Crémieux, Frankfurter, Warshawski et Ben Soussian débarquèrent à leur tour. Crémieux se disait Français, Frankfurter Allemand, Warshawski Polonais et Ben Soussian Syrien. Bien d'autres Français, d'autres Allemands, d'autres Polonais, d'autres Syriens s'étaient mêlés sans effort aux Américains. On leur fit bon accueil. Mais ces nouveaux venus-là n'étaient ni Français, ni Allemands, ni Polonais, ni Syriens. Ils étaient Juifs. Ils étaient les racistes les plus intransigeants du monde, les plus conscients de leur solidarité raciale et nationale, les seuls éléments de la communauté américaine qui fussent absolument inassimilables. Ils venaient de tous les horizons européens, d'Afrique ou d'Asie. Mais aussitôt débarqués, ils faisaient bloc, et quelle que fût leur origine géographique, ils s'aggloméraient non point aux Américains, mais aux autres Juifs plus anciens sur cette terre promise.

Les Américains, qui désapprouvaient la constitution de groupements nationaux, comme les associations irlandaises ou germaniques, car ces groupements, en prolongeant la fidélité à la mère patrie, retardaient l'assimilation de l'immigrant, trouvaient tout à fait légitime que le « Français » Crémieux, l'« Allemand » Frankfurter, le « Polonais » Warshawski et le « Syrien » Ben Soussian se groupassent dès leur arrivée et s'entendissent pour une action commune. Complètement ignorants des réalités juives, oublieux du cri d'alarme de Franklin, les vieux Américains contemplaient avec un bon sourire la coalition du « Français », de l'« Allemand », du « Polonais » et du « Syrien », et ils disaient fièrement :

« *Vous le voyez, c'est la fusion des races...* »

Il est extraordinaire qu'aujourd'hui, maintenant que la colonisation des États-Unis par les Juifs est pratiquement achevée, les Américains n'aient pas encore compris qu'ils ont été conquis et vassalisés par un peuple étranger. Il est extraordinaire qu'ils ignorent à un degré inimaginable les premiers éléments de la question juive.

Leur candeur dépasse, s'il est possible, celle des Français d'avant guerre. C'est qu'ils n'ont pas, comme nous — bien qu'ils aient subi autant que nous, l'avilissement des immortels principes — une tradition de l'antisémitisme qui va de Saint Louis à Drumont et à Céline. C'est aussi parce que, lorsque des Américains ont commencé à ouvrir les yeux, il était trop tard. Les Juifs qui s'étaient introduits dans la place avaient déjà conquis la maîtrise des ondes, du papier imprimé et de la publicité. Impossible de prononcer le mot « juif », de dénoncer le péril juif sans être aussitôt muselé, brisé, anéanti.

Certes, il existe une opposition. Des clubs, des salons, des universités sont fermés aux Juifs. Des Américains peu nombreux mais résolus ont deviné le péril. Nous parlerons plus loin de ces révoltés. Disons tout de suite que leur action n'éveille aucun écho, qu'elle se limite à des manifestations isolées sans vigueur ni envergure.

Le peuple d'Amérique ne soupçonne pas sa propre servitude. Lui qui est tellement susceptible, tellement intransigeant lorsqu'on aborde la question nègre, lui qui redoute tellement d'être submergé par une vague noire venue des États du Sud, il contemple avec apathie le noyautage des trusts et du gouvernement par les impérialistes juifs. Il subit, il accepte sans réagir.

Et surtout il ne comprend absolument pas que le problème juif est un problème de race. Il s'imagine encore qu'il s'agit d'une affaire religieuse et il s'indigne à juste titre qu'on puisse ranimer des préjugés médiévaux pour reprocher à de libres citoyens leurs conceptions métaphysiques.

Comme l'écrivait le génial Céline dans *Bagatelles pour un massacre* :

> « *Les Américaines yankees qu'on entend pousser de tels cris, créer de tels raffuts, d'universels hurlements (lynchage, pétitions, procès, etc...), dès qu'un nègre les caresse (en public), comment qu'elles se marient aux Juifs ! et à toute berzingue ! et tant que ça peut !* »

Le drame est là.

Si les Américains pouvaient être informés de l'aspect racial du problème, sans doute comprendraient-ils plus vite, plus facilement que nous et réagiraient-ils avec une vigueur insoupçonnée. Car une longue cohabitation avec les nègres les a familiarisés avec les problèmes du sang et leur a démontré la nécessité de défendre par tous les moyens la pureté de la race blanche.

Seulement, lorsqu'il s'agit des Juifs, la question ne se pose même pas. Le plus intransigeant des Yankees, celui qui casserait les vitres si un métis pénétrait dans le même restaurant que lui accepte placidement que sa fille soit souillée par un quelconque Lévy et que des Orientaux crépus et lippus lui prennent son argent, lui imposent leur philosophie et décident à sa place de la paix et de la guerre.

Devant le Juif, l'Américain est aussi désarmé que l'oiseau des îles que fascine le serpent. Alors le Juif en profite. Il a redressé l'échiné. Il est vautré dans le fauteuil du *boss*, le cigare aux lèvres, les pieds sur la table.

Il est le maître, le seul maître.

———◁◯▷———

CHAPITRE IV

LE GHETTO DE NEW-YORK

> *Ô New-York ! Kahall Souk !*
> *Shylockerie la plus clamoreuse, la plus insultante, la plus triviale, la plus obscénement matérialiste, la plus mufle du monde ! à vos ordres ! Irrévocablement ! emportés par la grandeur du sacrifice ! Nous frétillons de toutes les joies à la pensée que bientôt grâce aux bénéfices sur nos batailles, sur nos vingt millions de cadavres vous allez retrouver votre joie de vivre, votre prospérité délirante, vos pâmoisons d'orgueil les plus éblouissantes, la suprême félicité ! l'Apothéose jubilante Kabalique !*
>
> Louis-Ferdinand Céline
> (*L'École des Cadavres.*)

Le ghetto de New-York ?

Il n'y a pas de ghetto à New-York.

New-York est un ghetto.

Chaque fois que j'essaie de rassembler mes souvenirs, de ressusciter les images de mes séjours à New-York, ce sont des Juifs qui surgissent en gros plans agressifs et obsédants. Je revois des foules confuses, estompées, qui grouillent dans un décor classique d'obélisques vertigineux, la ruée matinale vers le travail, la ruée nocturne vers le plaisir, le vacarme des rues encaissées où stagne une cohue d'autos plus lentes que les piétons, les bagarres féroces autour des portes du métro sur une litière de quotidiens énormes, abandonnés aux caprices du vent, les lumières de la ville qui hurlent l'érotisme, les carrés d'herbe chlorotique épargnés par le ciment armé, encombrés de chômeurs, le rush des gladiateurs du football en armures de cuir, les briques rose sale de la 14e rue et le marbre étincelant de la 42e, les flâneurs parfumés de Riverside et les mauvais garçons sordides de l'East River, le vice, le labeur et l'amour de cette métropole frénétique, déconcertante et brutale où l'on se sent plus désespérément seul au milieu de sept millions de termites que dans la plus solitaire des thébaïdes.

Et par-dessus tout cela, en surimpression, des Juifs et des Juives.

Ils ne sont pas seuls, bien sûr.

Il y a à New-York pas mal d'Irlandais, un million d'Italiens, beaucoup d'Espagnols, trois cent mille nègres et même quelques Anglo-Saxons. Mais si l'on veut bien admettre que, dans nos vieux pays, dès que les Juifs atteignent un pourcentage de un pour vingt on a l'impression d'être submergé, à New-York où ils sont un million huit cent mille, soit un Juif pour quatre habitants, on ne voit plus qu'eux, ils ne sont pas seulement présents partout, ils sont la ville elle-même. Le voyageur, qui se contente de découvrir l'Amérique à New-York et qui ne voit que cela, doit revenir avec la conviction que les beaux athlètes des Jeux olympiques et les filles aux longues jambes des films californiens sont un truc de propagande assez grossier, sans équivalence dans la réalité quotidienne.

Le « Yankee » standard de New-York est un petit bonhomme lippu, aux oreilles décollées, aux muscles flasques, aux épaules tombantes. Il s'habille comme Clark Gable, il s'essaye à porter la petite moustache imperceptible des Roméos d'Hollywood, mais il ne réussit qu'à devenir encore plus inquiétant. Il vise à acquérir les séductions de l'Occident et il ne parvient qu'à prendre le genre gangster. Les mâles de New-York semblent avoir été rassemblés là pour figurer dans un gigantesque film policier. On regrette, en les voyant, leurs sosies à papillotes des synagogues de Cracovie qui, eux, du moins, sont nature.

Quant aux femmes, elles sont désolantes. Ni Myrna Loy, ni même Mae West. De grosses dames flétries à vingt-cinq ans, aux chairs gonflées de sucreries, à la peau huileuse et vêtues d'étoffes bariolées avec un mauvais goût criard.

Est-ce à cause de ces gens-là que New-York, cette « *espèce de foire ratée écœurante et qu'on s'entêterait à faire réussir quand même* » comme l'a écrit Céline dans le *Voyage au bout de la nuit*, donne une aussi désolante impression de saleté ? La chose n'est pas douteuse. On s'est donné beaucoup de mal pour nous expliquer que New-York ne peut pas être propre, que ses avenues taillées comme de minces canons dans le bloc compact des gratte-ciel entretiennent de perpétuels courants d'air qui brassent sans répit les poussières et les immondices.

C'est une explication par trop commode. À Los Angeles aussi, il y a des gratte-ciel et des courants d'air, et la ville est propre. S'il ne s'agissait d'ailleurs que des poussières entraînées par les tourbillons ... Non, la saleté de New-York est congénitale, elle est raciale. Elle s'étale sans pudeur dès qu'on s'éloigne un peu — très peu — des caravansérails de marbre où se superposent les résidences de l'aristocratie, dès qu'on s'écarte des temples insolemment cossus élevés par Israël à la gloire du cinéma.

Alors, la crasse dépasse en horreur tout ce que l'on pouvait voir sur l'ancienne « zone » des fortifs de Paris. C'est la crasse du ghetto, un horrible bric-à-brac oriental avec une toile de fond de poutrelles rouillées et d'escaliers de secours (*fire escape*) pavoisés de loques qui achèvent de sécher sous de nouveaux sédiments de poussière.

Je ne connais rien d'aussi hideux que le restaurant communiste de la 13e rue. Devant la porte, des nègres dépenaillés vendent le *Daily Worker* et les *New Masses* ; on liquide également au rabais des livres dépareillés et orthodoxes, les œuvres de Lénine, *Under fire* by Henri Barbusse et des recueils de « révélations » sur la terreur nazie. Tout ceci est imprimé en anglais : c'est pour l'usage externe. À l'intérieur du restaurant les intellectuels chevelus, qui dévorent un goulash prolétarien dans un décor de cauchemar d'une inexprimable saleté, sous de grandes affiches antifascistes, ne lisent que des journaux yiddish. Ceux-là n'ont même pas besoin de feindre l'assimilation. Le communisme est pour eux l'affirmation de leur nationalisme.

Je ne sais pas jusqu'à quel point je ne préfère pas ce judaïsme loqueteux aux manifestations sordides mais plus dégradantes du judaïsme de luxe.

Ce sont des Juifs qui ont imaginé la technique perverse des *burlesque shows*, l'exploitation systématique d'un érotisme que l'on exacerbe avec de diaboliques raffinements sans jamais lui permettre de se satisfaire.

Ce sont eux qui ont inventé les *taxi girls*, cette forme de la traite des blanches plus avilissante que la prostitution.

Ce sont eux qui ont multiplié à travers New-York ces gigantesques salles de spectacle dont la monstruosité est la honte de notre époque. À Paris, le *Rex* de M. Jacques Haïk, avec son plafond badigeonné au bleu d'outremer et piqué d'étoiles, avec ses nymphes de plâtre, ses minarets, ses balcons gothiques et ses pergolas, nous offre un assez bel exemple de ce que peut réaliser Israël lorsqu'il a les coudées franches. Les Juifs de New-York ne sont ni moins ni plus barbares que M. Jacques Haïk, mais comme ils sont beaucoup plus puissants que leurs compatriotes du ghetto de Paris, leur mauvais goût s'étale et s'impose avec plus d'insolence encore.

C'est une débauche de colonnades corinthiennes et de gargouilles, d'ornements massifs outrageusement dorés, et de lambris aux couleurs criardes, l'accumulation forcenée de tout ce qu'il ne faut pas faire, de tout ce qu'il faut éviter.

Le voyageur qui a visité le *Paramount* de New-York, ou le *Roxy*, ou l'*Hippodrome*, se hâte de conclure que les Américains ne conçoivent que des monstruosités. Ce qui est très injuste. Je ne prétends certes point que les Américains ont dans l'ensemble le goût très sûr. (Ils ont cependant créé en Nouvelle-Angleterre et dans les États du Sud un « style colonial » qui ne manque pas de charme). Mais les fautes de goût les plus visibles, les plus affligeantes que l'on note à New-York et ailleurs (je pense aux castels médiévaux des ploutocrates d'Hollywood) sont d'abord la manifestation de l'esthétique juive triomphante. Les vrais Américains — en ceci comme pour bien d'autres choses — supportent les conséquences de leur méconnaissance du problème juif. Ils se sont laissé asservir et on les tient pour responsables des attentats auxquels se livrent leurs conquérants.

On dit également chez nous, pour flétrir l'immonde *Paris-Soir* des distingués industriels Beghin et Prouvost, qu'il a introduit dans notre presse les mœurs américaines. Américaines ? Allons donc… Il n'y a pas de journaux américains à New-York. Il n'y a que des journaux juifs. Et ceux qui ne le sont pas complètement ont bien été forcés de suivre le mouvement, de copier la formule qui réussit si merveilleusement, de tout sacrifier au scandale, au sensationnel, de fignoler des présentations tapageuses, d'élever à la hauteur d'un art le mépris du lecteur.

Lorsqu'on voyait déferler sur New-York, en fin d'après-midi, la marée des *tabloïds*, on finissait presque par trouver que notre *Paris-Soir* avait de la tenue … L'un d'eux — j'ai malheureusement oublié son nom — sortit un soir avec cette manchette gigantesque : *Valentino mort*. On savait que le célèbre acteur était très malade. Tout le monde se rua sur les éditions spéciales. Et ce n'est qu'après avoir acheté le journal que l'on pouvait lire en lettres minuscules:

« *Annonce la rumeur publique, heureusement démentie.* »

Rudolph Valentino n'était pas mort du tout, mais le directeur du tabloïd avait trouvé cet excellent procédé typographique pour écouler son papier.

Toute la technique du journalisme juif tient dans cette anecdote et il n'est point surprenant que pour obtenir une bonne copie des procédés new-yorkais les pieux MM. Beghin et Prouvost aient placé à la tête de leur *Paris-Soir* les horribles petits Juifs Lazareff et Weiskopf (dit Gombault). Ces apatrides se sont sentis tout de suite à leur aise.

The right men in the right place.

Autrefois — je veux dire avant 1933 — les journaux de New-York fabriquaient du sensationnel avec des histoires d'alcôve, des divorces photogéniques et des cuisses de stars. Depuis que Hitler est arrivé au pouvoir, un nouvel élément s'est offert à l'activité des *re-write men* des rédactions new-yorkaises. Car Hitler était devenu — nous en reparlerons — l'ennemi public n° 1, l'homme à abattre, le réprouvé dont on demandait la tête avec d'autant plus de fracas que les Juifs américains étaient bien persuadés qu'ils ne risquaient personnellement rien dans l'aventure. Et l'on pense bien que les gens qui n'hésitaient pas à tuer Valentino par anticipation, n'allaient pas reculer devant d'autres truquages. J'ai eu entre les mains un magazine montrant une « salle de tortures » dans un camp de concentration allemand. Ma foi, la photo était prise de telle manière que c'était assez confus, mais terrifiant. Il fallait être averti pour savoir que la salle des tortures était tout simplement une salle de douches … À moins que l'hydrothérapie soit considérée par les fils d'Israël — par ceux du moins qui débarquent de Bukovine ou de Russie blanche — comme une véritable torture.

En même temps qu'ils accumulent les horribles détails sur la « barbarie » raciste, les journaux juifs de New-York ont adopté une fois pour toutes — comme ceux de Paris avant la guerre — ce petit ton goguenard et méprisant que nous connaissons bien pour l'avoir tant de fois retrouvé chez nous dans les articles de Léon Blum : Hitler est un grand méchant loup, mais ça n'est pas sérieux, ça n'est pas solide, il ne peut pas se maintenir, il est à la veille de s'effondrer...

La grande vedette féminine de la presse de New-York, « Miss » Dorothy Thompson, femme de Sinclair Lewis, la Geneviève Tabouis américaine écrivait dès 1931, après avoir approché Hitler :

> *« Ce petit bonhomme ridicule, il suffirait de faire* « hou ! » *devant lui pour le dégonfler. Il ne sera jamais dictateur ! »*

Et depuis lors, tous les quotidiens de New-York ont très ponctuellement répété tous les jours avec la même béatitude les mêmes âneries. Sous-estimation et dénigrement systématiques des révolutions fascistes, empoisonnement de l'esprit public par les procédés les plus vils, excitation constante à la guerre.

Telle est la presse juive de New-York.

Les citadelles de la puissance juive se dressent à l'extrême pointe de Manhattan dans un jaillissement de ciment, d'acier et de stuc. C'est là que Broadway prend sa source. C'est là que gesticulent les épileptiques de Wall Street. Tout le business du pays est entassé, verticalement, sur la maigre superficie d'un tout petit canton. Qui n'a pas travaillé dans un de ces buildings ignore ce que peuvent donner les raffinements de la taylorisation. Lorsque j'étais, en 1929, l'employé d'une firme financière — juive naturellement — la *Credit Alliance Corporation*, je quittais chaque soir mon bureau le cerveau vide, les jambes molles, les nerfs à bout, vingt fois plus épuisé que je ne l'ai jamais été, pendant ma captivité, en déchargeant du charbon dix grandes heures chaque jour dans un kommando de Thuringe.

C'est qu'il règne dans ces temples du business une sorte de frénésie religieuse qui contamine les plus apathiques. Gagner de l'argent est vraiment un sacerdoce, une chose sainte à laquelle il convient de se donner corps et âme. C'est le seul critérium moral, la seule manière de déterminer les préséances sociales.

Combien de fois des gens à qui je venais d'être présenté, avec qui je n'avais parlé que quelques instants, m'ont-ils brutalement demandé : *How much do you make ?* « Combien gagnez-vous ? » Ils étaient bien excusables. Ils voulaient me situer. Car il n'y a pas à New-York de sots métiers, ou des métiers malhonnêtes, pas plus qu'il n'y a des métiers honorables ou raffinés. Il n'y a que des gens qui « font » beaucoup d'argent — et qui ont droit automatiquement à, la considération admirative de leurs compatriotes — et des gens qui végètent. Ces derniers ne sont pas intéressants. Et s'ils végètent, par surcroît, en étant des intellectuels ou des artistes, alors leur cas devient franchement risible.

Si peu de sympathie que j'aie pour les Anglo-Saxons, je me refuse à considérer que cette manière de jauger les hommes soit d'origine britannique. À Londres, un lord désargenté est mieux considéré qu'un aventurier parvenu et, dans le sud des États-Unis, les vieilles familles de planteurs qui ont accédé à un niveau de civilisation supérieure refusent de se commettre avec les businessmen yankees.

Je ne crois pas non plus que le délire des affaires soit un vice anglo-saxon. Les marchands de la City ont le sens du loisir, ils se font une règle de respecter — si ridicule que cela puisse être parfois — les rites du week-end. Ils ne songent pas, comme cela est de règle à New-York, à tout sacrifier, absolument tout, au business. Non point, certes, pour accumuler de l'argent, car rien n'est plus étranger aux Américains que la conception de l'épargne, mais pour le seul plaisir de gagner des dollars, le plus de dollars possible, très vite et par n'importe quel moyen.

Et cela, cette falsification des valeurs humaines sous le signe de l'argent, cette folle ruée vers l'or des autres, c'est si spécifiquement juif qu'il est inconcevable qu'aucun des découvreurs de l'Amérique dont les récits encombraient notre presse d'avant guerre n'ait eu l'élémentaire honnêteté de le dire. Ils contemplaient d'un œil amusé les sarabandes des messieurs trop crépus autour du veau d'or de Wall Street et ils notaient :

« *Comme ces Américains sont cupides.* »

Les Américains ? Non. Les Juifs.

Allons voir maintenant d'autres Juifs. Des Juifs moins honorablement connus, mais qui ne se « défendent » tout de même pas trop mal. Allons à la Préfecture de Police.

Je fus admis en 1935 à visiter cette institution — j'étais l'envoyé spécial de *Je Suis Partout* qui, soit dit en passant, n'a pas attendu la chute de M. Mandel pour appeler un Juif un Juif — et ce fut une promenade bien instructive. Il y avait là un étalage hallucinant des moyens de répression dont disposent les *cops* new-yorkais. Mais ce modernisme ne tendait en somme qu'à mieux démontrer l'impuissance de la loi. Et les policiers eux-mêmes ne se privaient pas de le dire.

On me montra toutes sortes d'armes perfectionnées, on me décrivit l'organisation des services d'alerte, on me promena longuement dans une vaste pièce où des radiotélégraphistes, le casque aux oreilles, dirigent à distance les patrouilles des voitures blindées qui sillonnent la ville. J'arrivai ensuite dans les bureaux de l'anthropométrie. C'était simplement merveilleux : tous les malfaiteurs, les petits et les gros, tous les ennemis publics étaient en carte, de face et de profil, alignés dans des classeurs impeccables, ranges par spécialité. Ici les *pickpockets*, là les *racketeers*, un peu plus loin les souteneurs, puis les *confidence men*, les vulgaires assassins et les *gun molls*. Et tout au milieu, dans une armoire isolée — car il ne faut pas mélanger les torchons et les serviettes — les « ennemis publics », les grandes vedettes, du crime étiquetées par ordre de malfaisance, l'ennemi public n° 1, l'ennemi public n° 2, l'ennemi public n° 3, etc..

Le policier qui me servait de cicérone, un gros Irlandais roux, tout pénétré de l'importance de sa mission, ne tenait pas à épuiser d'un coup l'intérêt de cette visite. Il savait doser ses effets. Il m'imposa, avant d'atteindre l'armoire des célébrités, une revue du menu fretin, une initiation progressive, en quelque sorte. J'ai vu défiler ainsi, par catégories, tous les spécimens de la pègre : des gangsters coquettement vêtus, des petits voyous sournois, des étrangleurs à face bestiale, et des femmes pas très jolies — bien moins jolies que les dames-bandits du cinéma qui, toutes, à la différence des hommes, arboraient des sourires éclatants. Est-ce ma faute si aucun de ces réprouvés ne s'appelait Smith où Brown, si tous les souteneurs avaient une origine méditerranéenne et tous les escrocs une origine juive ?

Mais cette revue n'avait d'autre but que d'allécher ma curiosité et, lorsque le policier crut comprendre que mon initiation était suffisante, il m'entraîna avec un grand geste théâtral, avec une sorte de dévotion, vers les vedettes.

— *Voilà, me dit-il fièrement, l'ennemi public n° 1 de la ville de New-York : Fleggenheimer, dit Dutch Schultz, le roi des machines à sous.*

Je vis — toujours de face et de profil — un vilain bonhomme aux yeux bridés, au nez écrasé, aux lèvres énormes.

— *Mais oui, c'est un Juif*, me dit le policier qui était, comme la plupart des Irlandais de New-York, quelque peu antisémite. *Vous ne voudriez tout de même pas qu'il ne fût pas Juif… c'est une des plus grosses fortunes de la ville : vous imaginez pas l'argent qu'on peut gagner avec les machines à sous. À condition, bien entendu, d'en avoir le monopole, d'imposer ses machines dans tous les établissements publics et d'en chasser les concurrents, à coups de revolver si besoin est. Dutch Schultz possède des millions et des millions de dollars. Il a une demeure à Long Island qui est un véritable palais. C'est quelqu'un…*

— *Mais il n'est pas en prison ? Vous avez sa fiche, sa photo, son adresse…*

Le policier se mit à rire d'un bon gros rire irlandais :

— *Pas la peine de se fatiguer à arrêter Dutch Schultz. Autant de fois nous le traduirons devant un tribunal, et autant de fois il sera acquitté. La dernière fois, nous avions réussi à le faire inculper pour fraude fiscale… Remarquez que ce gaillard a pas mal de vies humaines sur la conscience, mais ça, c'est encore plus difficile à prouver, personne ne veut témoigner contre le chef d'une bande bien organisée… Tandis que, pour la fraude fiscale, aucun doute n'était possible, Dutch Schultz truquait sa comptabilité et ne payait pas ses impôts. N'importe quel contribuable moyen eût été condamné. Pas Dutch Schultz. Après vingt-huit heures de délibération, les jurés de Malone (État de New-York) l'ont acquitté et l'ennemi public n° 1 est sorti du tribunal en triomphateur, sur les épaules de ses amis. Ça sert d'avoir de belles relations… Quant à nous, nous n'y pouvons rien. Nous ne pouvons qu'attendre que Dutch Schultz se fasse descendre par des tueurs d'une bande rivale.*

Et, en effet, quelques semaines plus tard, le corps du gangster était retrouvé criblé de balles, dans l'arrière-boutique d'un café où il comptait sa recette.

New-York avait perdu son Juif ennemi public n° 1. Elle conservait ses autres Juifs, ses banquiers juifs, son gouverneur d'État, le Juif Lehman, son maire juif, M. La Guardia.

Il est logique que New-York ait à la tête de sa municipalité M. La Guardia. Autant il était choquant de voir M. Blum à la tête d'un « vieux pays gallo-romain », comme le nôtre, autant il est normal que les Juifs de New-York se fassent administrer par un des leurs.

M. La Guardia, que ses amis ont surnommé poétiquement « la petite fleur rouge » (*the little red flower*), est un homme de taille exiguë, court sur pattes, avec une grosse tête de crapaud déplumé qui n'est pas sans rappeler celle de Bela Kun, cet autre Juif. Je l'ai vu, en 1935, au City Hall. Il recevait Mme Lebrun, qui venait d'arriver sur *Normandie*, dont c'était le premier voyage.

Ruisselant de sueur, gesticulant avec des grâces éléphantesques, la « petite fleur rouge » évoquait l'indissoluble fraternité des grandes démocraties. Et derrière lui, une épaisse cohorte d'Hébreux — toute la municipalité — encadrés par de gigantesques policemen irlandais, souriaient aux caméras avec d'affreux rictus de marchands de tapis. La pauvre Mme Lebrun, acculée contre le micro, accablée par le vacarme des grands mots sonores, balbutiait, avec un accent d'élève de sixième, deux phrases soigneusement apprises par cœur :

— *Zis is very charming*, monsieur le maire. *I zank you very much*, monsieur le maire.

Une fanfare attaqua la *Marseillaise* et tous les édiles du ghetto de New-York rectifièrent la position. Apothéose de l'amitié franco-juive.

À ce moment, les naïfs s'imaginaient encore que la France était aimée pour elle-même, pour son magnifique passé et ses vertus ancestrales. On a vu, en 1940, ce qu'il en était. Plus de démocratie, plus d'amour. La France que chérissait la tribu de New-York était la France de Blum, le dernier bastion continental de la juiverie, le « soldat du Droit » que l'on excitait par de bonnes paroles à se sacrifier pour la Cause, l'espoir suprême des émigrés pressés de rentrer à Berlin dans nos fourgons, pressés de se faire un marchepied de nos cadavres pour recouvrer leurs fiefs d'outre-Rhin.

Pouvait-on en douter ? Bien avant que le premier coup de canon eût été tiré, New-York était déjà en guerre depuis longtemps contre le fascisme et l'hitlérisme. Guerre limitée à des exercices de rhétorique ou à des manifestations comme l'assaut du paquebot *Bremen*, le 27 juillet 1935 par des émeutiers juifs scandaleusement acquittés ensuite par le juge juif Brodsky et félicités d'avoir jeté dans l'Hudson le « pavillon de pirate » du navire. On ne tirait pas de coups de canon, mais c'était bien déjà la guerre. La Guardia, que le Juif Lecache appelait dans *Le Droit de vivre* — justement dans le même numéro où Jean Cocteau adhérait à la croisade antiraciste — l'« Anti-Nazi n° 1 », patronnait tous les meetings, toutes les manifestations où s'exprimait l'horreur du nouvel ordre européen.

— *Qu'on m'amène Hitler*, proclamait-il devant les foules de « Madison square garden », *et je le ferai pendre sur-le-champ.*

Évidemment, il n'était pas question que La Guardia se chargeât d'aller lui-même se saisir du Führer. À chacun son rôle : aux Français les bombes des stukas et aux Américains l'ivresse des invectives radiophoniques. En mars 1937, devant les délégués de l'*American Jewish Congress* réunis à New-York, La Guardia proposa qu'à la prochaine exposition internationale on édifiât une chambre des tortures où figurerait une effigie d'Hitler « le fanatique en chemise brune ». Et comme le gouvernement de Washington fit au Reich, du bout des lèvres, de vagues excuses, La Guardia retourna devant l'*American Jewish Congress* pour proclamer avec un joli mouvement du menton que rien ne pourrait le faire taire. Puis les congressistes adoptèrent d'enthousiasme la motion suivante :

« *Nous prenons l'engagement d'intensifier le boycottage des produits allemands afin de protéger (!!!) le peuple allemand de la destruction dont l'hitlérisme le menace.* »

De même que les Anglais « protègent » les Français en les assassinant, les bons Juifs de New-York brûlaient de « protéger » les Allemands en les faisant étriper par les soldats français.

Mais, en 1938, les Français parurent s'être dérobés à leur « mission ». Ils avaient poussé l'insubordination jusqu'à s'entendre avec les Allemands. Aussi fallait-il entendre le concert d'imprécations des matamores du ghetto de New-York.

— *La France s'est déshonorée !* lançait M. La Guardia, aux acclamations de ses belliqueux (mais prudents) administrés.

Et le grand rabbin Stephen Samuel Wise, cette autre moitié de Jéhovah — au moyen âge, le pape et l'empereur étaient les deux moitiés de Dieu, aujourd'hui, à New-York, le Saint-Empire bicéphale d'Israël a son maire et son rabbin — Wise donc se voilait la face d'horreur.

Je n'ai pas approché Stephen Samuel Wise qui est un trop puissant seigneur pour perdre son temps avec de chétifs journalistes européens, mais je sais l'importance de ce personnage et l'influence qu'il exerce sur la communauté new-yorkaise et sur la politique générale des États-Unis.

C'est à lui, d'ailleurs, que le traître de Gaulle s'est adressé récemment pour l'assurer qu'après la « victoire » (!!!) anglaise, les Juifs seraient réintégrés, en France, dans leurs postes de commandement. Or, comme de Gaulle, si vil qu'il soit, n'a vraisemblablement pas fait de gaîté de cœur une aussi compromettante déclaration, comme il paraît certain qu'il l'a faite sous la pression d'un chantage impératif — « *prononcez-vous publiquement pour les Juifs ou on vous coupe les vivres !* » — on peut mesurer ainsi la puissance du grand rabbin.

Assez curieusement, Stephen Samuel Wise a beaucoup moins le type juif que certains de ses compatriotes au sang plus mélangé (La Guardia, par exemple, a des ancêtres italiens). Avec ses lèvres minces, ses yeux enfoncés dans leurs orbites, et son teint blafard, il a plutôt l'air d'un pasteur méthodiste constipé par un abus d'hypocrisie.

Mais il ne faut pas se fier aux apparences. Stephen Samuel Wise est merveilleusement juif et nullement hypocrite. Il est même d'une admirable franchise. C'est lui qui a écrit, le 13 juin 1938, dans le *New-York Herald Tribune*, ces lignes qui expliquent toute la politique américaine :

> « *Je ne suis pas un citoyen américain de religion juive. Je suis un Juif. Je suis un Américain. J'ai été un Américain pendant les soixante-trois soixante-quatrièmes de ma vie, mais j'ai été un Juif pendant quatre mille ans. Hitler a eu raison sur un point : il appelle le peuple juif une race. Et nous sommes une race.* »

Une race qui s'est emparée de tous les leviers de commande, qui a brisé toutes les résistances.

———◦———

CHAPITRE V

Roosevelt ou Rosenfeld ?

> *Roosevelt, le fat ventriloque préparant la prochaine...*
> *n'est que l'instrument cabotin des grands Juifs.*
>
> Louis-Ferdinand Céline
> (*Bagatelles pour un massacre.*)

Mr Roosevelt est-il Juif ?

D'ingénieux biographes l'ont affirmé.

Leur argumentation n'est certes pas très convaincante, mais il ne faut négliger aucune hypothèse.

Un pasteur, le révérend G.-B. Winrod, a publié, le 15 octobre 1936, dans le journal *The Revealer*, de Wichita, un arbre généalogique établi par l'institut Carnegie, qui tend à démontrer l'origine hébraïque du président. Un écrivain juif, P. Slomovitz, a repris et développé cette argumentation dans le *Detroit Jewish Chronicle*. Cet auteur va plus loin que l'institut Carnegie, qui ne situe la famille Roosevelt qu'à partir de 1582. P. Slomovitz remonte, lui, jusqu'en 1520, date à laquelle les Rossocampo (champ rouge) auraient été chassés d'Espagne et seraient venus s'établir en Hollande où ils auraient pris le nom de Rosenvelt ou Rosenfeld (champ rose). Leurs descendants se seraient appelés ensuite Rosefeld, Rosevelt, puis finalement Roosevelt.

En 1649, le premier des Roosevelt vint s'établir en Amérique où il épousa une jeune fille nommée Heyltje Kunst, dont on affirme qu'elle était juive. Par la suite, bien que cette famille pratiquât la religion réformée, presque tous ses membres reçurent des noms bibliques. Les hommes s'appelèrent Abraham, Moïse, Abel, Isaac, Enoch, Ephraïm, Samuel, Ezekiel, Eliezer, Simon, Nathan. Les femmes furent nommées Abigaïl, Hannah, Rébecca, Déborah, Rachel, Ruth.

M. Franklin Roosevelt n'a élevé aucune protestation contre les révélations du révérend G.-B. Winrod et de M. P. Slomovitz. Interrogé par le *New-York Times*, il s'est contenté de répondre :

> « Il se peut que, dans le passé, mes ancêtres aient été juifs. Tout ce que je sais, c'est que la famille Roosevelt est issue de la famille Claes Martenszen van Roosevelt. »

Il a dit également à la *Neue Freie Presse* de Vienne :

> « Mes aïeux vinrent de Hollande en Amérique il y a environ 300 ans. S'ils étaient juifs, catholiques ou protestants, c'est une question qui ne m'inquiète pas. Il me suffit qu'ils fussent de bons citoyens ayant la crainte de Dieu. »

Les recherches généalogiques dont nous venons de parler semblent assez fragiles. Et, même si elles démontraient que M. Roosevelt descend d'un lointain ancêtre juif, les mariages contractés depuis 1649 avec des aryens auraient réduit à un pourcentage infime l'hérédité hébraïque du président. Quant aux patronymes bibliques que l'on relève sur l'arbre généalogique, ils ne prouvent absolument rien. C'est une conséquence de la Réforme qui a remis en honneur les prénoms tirés de l'Ancien Testament, coutume qui est encore en honneur, de nos jours, dans les familles puritaines.

Ce qui est grave, c'est que M. Roosevelt pense et agit comme s'il était 100 % Juif. Ce qui est grave, c'est qu'il sert la cause du judaïsme avec autant de passion et de ténacité que s'il était un enfant des douze tribus. Mieux même. Car s'il s'appelait Disraeli, Trotsky ou Blum, ses intentions seraient automatiquement suspectes, son action risquerait d'être beaucoup moins efficace.

Les Juifs n'ont pas intérêt à gouverner personnellement les nations qu'ils ont conquises et asservies. Chaque fois qu'ils se montrent un peu trop, ils provoquent de terribles réactions dont pâtit tout le peuple d'Israël. L'idéal est de gouverner par personne interposée, d'avoir bien en main un homme de paille d'une docilité éprouvée, un Juif synthétique. M. Roosevelt est cet homme. Il est le serviteur modèle, le président introuvable. S'il n'existait pas, il faudrait l'inventer.

J'ai vu M. Roosevelt pour la première fois au mois de juillet 1935, dans des circonstances que je ne suis pas près d'oublier. Washington hébergeait 25.000 francs-maçons et le président avait tout spécialement interrompu ses vacances pour revenir saluer ses petits camarades du Royal Secret.

Une prodigieuse affaire. Dans le train (qui m'amenait vers la capitale, à chaque gare des hommes étaient montés dont on pouvait se demander s'ils étaient des marchands de tapis ou des businessmen en goguette jaillis de quelque boîte de nuit et affublés d'accessoires de cotillon par des girls entreprenantes. Tous, en effet, portaient un fez, avec beaucoup de naturel et beaucoup de gravité. Les autres voyageurs, manifestement blasés, ne prêtaient aucune attention à leur accoutrement.

À Washington, les quais de l'Union Station étaient rouges de fez. Et rouges aussi les larges avenues de la capitale. De grandes banderoles accueillaient les congressistes : *Welcome nobles !* Bienvenue, les Nobles !

On m'expliqua qu'il s'agissait de l'« Ancien Ordre Arabe des Nobles de l'Autel Mystique », qui groupe les plus hauts dignitaires de la maçonnerie américaine, ceux qui ont atteint le 32e degré. Tous ces vénérables s'étaient réunis pour élire leur « Potentat Impérial ». C'était une assez belle mascarade. Car beaucoup de « nobles » ne se contentaient pas de porter le fez. Certains étaient habillés en zouaves, de la tête aux pieds. Ce n'étaient que vestes écarlates, culottes saumon dûment bouffantes et ceintures bariolées.

Et le soir, c'était bien plus cocasse encore. Formés en colonnes par douze, groupés par « temples » (un temple par État), les Nobles de l'Autel Mystique défilaient dans Pensylvania Avenue aux accents de la marche de Sousa. À leur tête, le « Potentat impérial » sortant, un grand gentleman glabre, drapé dans un burnous immaculé, mâchonnait un bout de cigare, aussi satisfait de lui-même que s'il eût sauvé la patrie, aussi burlesque que Laurel et Hardy dans *Les Compagnons de la nouba*. Tout le long du cortège, des gosses lançaient des pétards et la foule poussait des rugissements d'enthousiasme. Elle acclamait quoi, cette foule tumultueuse ? Les « Nobles » n'étaient pas, après tout, des soldats victorieux. C'étaient de simples citoyens qui avaient pris la peine de se déguiser et de marcher au pas. Mystère des émotions populaires...

Le but de la parade était la Maison-Blanche. Là, sur une estrade tendue de drapeaux étoiles, M. Roosevelt, vêtu d'un complet crème et coiffé, lui aussi, d'un fez écarlate, souriait de toutes ses dents aux « Nobles de l'Autel Mystique ». Tête droite. Re-marche de Sousa. Nouvelle tempête de hourras.

Alors, ce défilé carnavalesque prenait véritablement tout son sens. Certes, les apparences étaient contre les « Nobles ». On pouvait penser que ces graves businessmen, venus des quarante-huit États de l'Union, s'étaient surtout déplacés pour échapper pendant quelques jours à la vigilance de leurs rigides épouses — et, en fait, ils profitaient assez joyeusement, dès la nuit tombée, de leur liberté provisoire. On avait envie de sourire de leurs déguisements, de la puérilité de leur symbolisme oriental, de ne pas les prendre au sérieux. Et d'ailleurs, n'est-on pas toujours tenté, dès qu'il s'agit de manifestations maçonniques, de ne retenir que le ridicule et de négliger l'action profonde de la secte ? Les petits tabliers en peau de porc, les accessoires de cotillon, les colonnes tronquées et les squelettes détournent si bien les soupçons des profanes. De même les vestes de zouaves et les fez des « Nobles ».

Mais, au pied de l'estrade où rayonnait M. Roosevelt, il n'y avait pas moyen de s'y tromper. Ce n'étaient pas seulement des pitres ou des fêtards qui défilaient. C'étaient les troupes de choc, les sections d'assaut de la démocratie américaine. Car chaque pays a les sections d'assaut qu'il mérite.

Les hauts dignitaires de la Maçonnerie saluaient leur führer, le F∴ Roosevelt. Du haut de cette Maison-Blanche, trente-deux degrés vous contemplent...

M. Roosevelt a été initié, le 28 novembre 1911, à la « *Holland Lodge n° 8* » de la ville de New-York. Le 28 février 1929, le 32° degré du rite écossais lui a été conféré à Albany (capitale de l'État de New-York). M. Roosevelt est membre des sociétés secrètes des « Aigles », des « Élans », de Phi-Bêta-Kappa, de l'Ordre royal de l'Élan. Il a reçu le titre de « *Grand Cèdre du Liban* ». Il est maître de la Grande Loge de Géorgie. Ses trois fils sont également initiés.

En somme, on peut difficilement être plus franc-maçon que M. Roosevelt. Or, s'il est inexact de prétendre que la Franc-Maçonnerie est une affaire spécifiquement juive, il n'est pas douteux que les intérêts de la Juiverie et de la Maçonnerie ont toujours coïncidé très étroitement, que ces deux grandes forces du monde moderne n'ont cessé de collaborer, de tendre vers les mêmes buts, avec le même idéal au point d'en arriver parfois à se confondre, et qu'un Maçon est *a priori* l'instrument rêvé de l'impérialisme juif.

Les grades maçonniques de M. Roosevelt ne suffisent peut-être pas à expliquer complètement la subordination totale du président aux volontés juives. Ils montrent en tout cas que M. Roosevelt était plus qu'un autre prédisposé à se plier à ces volontés, à tenir pour légitimes et dignes de sympathie les aspirations politiques du peuple juif, sa philosophie de la vie, son éthique et son esthétique.

Tous les biographes de M. Roosevelt rabâchent que le président est par-dessus tout un aristocrate, un Américain de vieille souche dont la famille a connu l'opulence depuis plusieurs générations, et qu'il se distingue en ceci des politiciens *self made men* enrichis par des combines de couloirs et gorgés de pots-de-vin.

À première vue, M. Roosevelt offre, en effet, plus de garanties d'honnêteté que la plupart de ses concurrents ou de ses associés. Cet homme, comblé dès sa naissance de tous les biens de ce monde, semble ne s'être lancé dans la politique que par idéalisme, pour imposer à ses compatriotes un programme de fraternité et de justice sociale. Riche, il dénonce les trusts, les méfaits du capitalisme, l'abominable tyrannie du *big business*. C'est sur ces promesses qu'il est élu au Parlement de l'État de New-York, puis qu'il devient gouverneur de cet État et qu'enfin il est porté à la présidence de la République.

Pour le menu peuple tout autant que pour ses panégyristes, Roosevelt est une sorte d'aristocrate de la nuit du 4 août, un féodal qui abjure la féodalité, le champion d'autant moins suspect d'une cause généreuse que l'on répète qu'il n'a rien à gagner à s'attaquer au système capitaliste dont sa famille a tiré toute sa prospérité.

Mais, en retraçant sa carrière, on omet pudiquement de rappeler la dizaine d'années que l'ennemi du *big business* a consacrées au *big business*. On raconte comment M. Roosevelt est devenu, en 1917, sous-secrétaire d'État à la marine du président Wilson, puis comment il abandonna la politique au lendemain de la guerre, à la suite de son attaque de paralysie infantile, et l'on enchaîne, en 1928, en signalant son accession au gouvernement de l'État de New-York. De 1918 à 1928, rien, un trou.

Qu'est devenu M. Roosevelt ?

Qu'a-t-il fait ? Il a fait des affaires.

Loin de nous l'idée d'en tenir rigueur à M. Roosevelt. On peut négliger les accusations que l'on a portées contre la *United European Investors Ltd* dont M. Roosevelt était le directeur et à qui l'on reproche des prêts inconsidérés à la *Deutsche Bank* et à la *Norddeutsche Bank* et la spoliation systématique de ses actionnaires. Admettons que ces accusations soient le fait d'adversaires politiques : en affaires, on ne sait jamais très bien où commence et où finit l'honnêteté. Nous sommes trop peu au courant des opérations de la U.E.I. pour porter un jugement sur la gestion de M. Roosevelt.

Mais ce qui est beaucoup plus intéressant, c'est la composition du conseil de la Société dont M. Roosevelt devient administrateur après les déconfitures de l'*United European Investors Ltd*. Cette société, la *Consolidated Automatic Merchandising Corporation* est une affaire purement juive dont les animateurs sont les Juifs Steinam, S. Nowak, A.-J. Sack, J.-J. Schermack, A. Granat, S.-C. Steinhardt, F.-I. Lisman. Au conseil, l'aristocrate, le « vieil américain », Roosevelt est le seul aryen.

Il ne semble pas qu'il ait souffert de cette promiscuité. Il semble même qu'elle lui ait été largement profitable, qu'elle ait été — si l'on peut dire — le tremplin qui lui a permis de se hisser en 1928 jusqu'au poste de gouverneur de l'État de New-York. M. Roosevelt avait beau tonitruer contre les financiers et capter ainsi les suffrages des anticapitalistes, les banquiers hébreux de Wall Street savaient qu'ils n'avaient rien à craindre de l'administrateur de la très juive *Consolidated Automatic Merchandising Corporation*. Ils savaient même qu'ils avaient tout à gagner d'avoir « contre eux » un tel « ennemi ».

Roosevelt, poulain d'Israël, a largement justifié tous les espoirs que l'on avait placés en lui. De son accession à la Maison-Blanche date aux États-Unis, le début de l'ère juive. Auparavant, les Juifs avaient, sans doute, conquis pas mal de citadelles. Mais ils n'exerçaient pas encore de façon « totalitaire » le pouvoir politique. C'est ce pouvoir que M. Roosevelt leur a octroyé.

La grande habileté du président, nous l'avons vu plus haut, avait été de se présenter en ennemi des financiers. Les gens de Wall Street étaient haïs aussi cordialement et aussi légitimement-que l'ont été, en France, les deux cents familles. Et il est de fait qu'aussitôt installé à la Maison-Blanche, le 4 mars 1933 (l'élection avait eu lieu en novembre 1932), M. Roosevelt se hâta de prendre un certain nombre de mesures spectaculaires qui pouvaient faire illusion. En même temps qu'il promettait de multiples avantages aux prolétaires — chaque fois qu'il s'agit de promesses, la générosité de M. Roosevelt devient de la prodigalité — il faisait suspendre toutes les opérations bancaires et engageait des poursuites contre un certain nombre de requins un peu trop voyants.

Contre la banque Morgan, par exemple.

Pourquoi la banque Morgan ?

Ce n'est pas notre intention, on le pense bien, de défendre celte société qui a élevé la piraterie à la hauteur d'une institution, qui s'est fait une spécialité de détrousser avec une inimitable maîtrise l'Américain moyen et qui pratique la corruption dans les couloirs du Congrès avec une stupéfiante audace. L'enquête ordonnée par M. Roosevelt a révélé des choses bien instructives quoiqu'assez banales : en démocratie, la vénalité est la loi commune. Elle a révélé notamment les noms des ministres, des sénateurs et des députés qui avaient « touché ». On s'en doutait un peu. En France, avec Panama et Stavisky, nous en avons vu bien d'autres.

Mais enfin la banque Morgan n'était pas la seule. Il y avait — il y a encore d'autres banques qui usaient des mêmes procédés. Et il est tout de même assez troublant que l'indignation des Américains honnêtes ait été pour ainsi dire canalisée, orientée dans une direction unique, comme si l'on voulait détourner la fureur populaire d'objectifs plus vastes. Les Américains, meurtris par la terrible débâcle de 1929, détestaient les gens de finance ? M. Roosevelt leur jetait en pâture les administrateurs de la banque Morgan, la seule grande banque à peu près aryenne des États-Unis. Grâce à quoi les autres purent se faire oublier et poursuivre sans danger leurs lucratives opérations.

C'est en somme à peu près le genre d'opération qui a été menée chez nous par les judéo-marxistes contre la famille de Wendel. Haro sur ces marchands de canons-là ! Sur ces pelés, sur ces galeux d'où nous vient tout le mal ! Ce qui a permis de passer complètement sous silence, dans les feuilles les plus rouges, l'activité des Rothschild, de Louis-Louis Dreyfus, de Bader, de la banque Lazard, de la banque Worms. A-t-on jamais vu, aux plus beaux jours du Front Popu, un cortège de manifestants réclamer entre la Bastille et la Nation la saisie des millions de Rothschild ? Non. Rien que la fortune des de Wendel...

Car il y a capitalisme et capitalisme. M. Roosevelt a provisoirement (2) pulvérisé la banque Morgan, mais il a installé aux finances, dans son gouvernement, le Juif Henry Morgenthau junior, de la banque Seligman, l'homme de confiance du Juif Lewisohn, roi du cuivre, et des Warburg de la banque Kuhn, Loeb et C°. Ledit Morgenthau s'empressa à son tour de livrer à la tribu les postes intéressants : il casa son fils, pour commencer, à la tête de la Trésorerie et du fonds de stabilisation des changes, son ami Jacob Viner comme expert à la Trésorerie, David Stern (propriétaire du *New-York Post*) et Goldenweiser au Fédéral Reserve Board, etc., etc.

Une certaine finance était abaissée. Une autre finance triomphait. La plus juive. C'est à cela que se résume l'anticapitalisme de M. Roosevelt.

Comme dans tous les autres pays du monde, une des premières conséquences de la prise du pouvoir par les Juifs a été, aux États-Unis, le brusque et rapide développement du communisme. Comment s'en étonner ? Le communisme n'est-il pas une doctrine juive et l'U.R.S.S. une création juive ? Et qui plus est, une création des Juifs américains.

On a raconté cent fois comment le Juif Trotsky et tous ses complices juifs du premier Conseil des Commissaires du Peuple ont été grassement subventionnés par les banquiers juifs Jacob et Mortimer Schiff, Guggenheim, Max Breitung, Kuhn, Loeb and C°, Félix Warburg, Otto Kahn, S.-H. Hanauer, etc. Inutile de revenir sur cette vieille histoire. Retenons cependant les aveux du journal juif américain *American Hebrew* qui écrivait le 10 septembre 1920 :

---

2. — Depuis M. Roosevelt s'est réconcilié avec la banque Morgan. C'est grâce à elle, notamment, qu'il a réussi en 1940 à faire désigner le belliciste Willkie (son complice) comme candidat du parti républicain et à truquer les élections comme jamais encore on ne l'avait fait. Willkie, l'homme des trusts et Roosevelt, l'homme des Juifs feignirent de se combattre. En réalité ils s'étaient préalablement mis d'accord sur l'essentiel, c'est-à-dire sur la nécessité de lancer le pays dans la guerre.

- « *Ce succès* (celui du bolchevisme en Russie) *qui restera dans l'histoire comme la conséquence principale de la guerre mondiale fut en grande partie le résultat de la pensée juive, du mécontentement juif, de l'effort juif pour reconstruire.*
- « *Ce que l'idéalisme juif et le mécontentement juif ont si puissamment contribué à accomplir en Russie, les mêmes qualités historiques de l'âme et du cœur juifs tendent à le réaliser dans d'autres pays.*
- « *Est-ce que l'Amérique, comme la Russie des tsars écrasera le Juif sous l'accusation sans fondement d'être un destructeur et le placera ainsi dans la position d'un ennemi irréconciliable ?*
- « *Ou l'Amérique favorisera-t-elle le génie juif comme elle favorise le génie particulier de toutes les autres races ?*
- « *Telle est la question à laquelle devra répondre le peuple américain.* »

En élisant M. Roosevelt, en le maintenant au pouvoir, le peuple américain a répondu. Et tout de suite on a pu constater que la conquête de l'argent par les ploutocrates juifs n'allait pas sans la conquête des masses par les agitateurs juifs. Toujours ce même dualisme dont l'expression la plus parfaite est aujourd'hui l'alliance de Wall Street et du Kremlin.

Jusqu'à l'élection de M. Roosevelt, le communisme était pratiquement inexistant aux États-Unis. Le parti fondé le 1er septembre 1919 avait été déclaré illégal en janvier 1920. En décembre 1921, il s'était camouflé sous le nom de *Workers party* et il avait ainsi végété jusqu'en 1928, date à laquelle il fut autorisé à s'appeler de nouveau « parti communiste des États-Unis. » Mais en 1932, il ne comptait pas 10.000 adhérents, chiffre ridicule dans un pays de 125 millions d'habitants.

Dès que M. Roosevelt entre à la Maison-Blanche, son premier soin est de reconnaître le gouvernement soviétique. Le Juif Litvinov vient en personne à Washington pour renouer avec les Juifs du trust des cerveaux les relations diplomatiques et conclure des accords commerciaux. Une affaire de famille, en quelque sorte.

Dès lors, le communisme prend une allure respectable et le nombre des membres du parti passe de 10.000 à 50.000 en 1936 et à 100.000 en 1939. Ce chiffre peut encore paraître assez maigre, mais on sait que les communistes ont toujours dédaigné d'embrigader de grandes masses de partisans, ils préfèrent avoir bien en main des militants éprouvés qui constituent les troupes de choc et surtout les cadres de la révolution. Et par ailleurs, ils sont passés maîtres dans l'art de noyauter les associations annexes. Aux États-Unis, ils contrôlent ainsi 640 organisations dites « de front commun » dont les plus importantes sont l'*American Civil Liberties Union* (dirigée par le Juif Frankfurter dont nous reparlerons), l'*American League for peace and democracy* (qui est la section yankee de l'association Amsterdam-Pleyel fondée par Romain-Rolland et Barbusse), la *League for Industrial Democracy*, l'*American Student Union*, etc. ...

Selon un rapport de M. Steele présenté en 1938 devant une commission d'enquête du Congrès, environ 6 millions 500.000 personnes militent dans ces organisations contrôlées par le parti communiste. Nous sommes loin, on le voit, des 100.000 adhérents inscrits officiellement.

C'est un aryen, Earl Browder — comme Thorez en France ou Thaelmann en Allemagne — qui est le chef nominal du P.C. Cette précaution est indispensable. Mais aux États-Unis comme ailleurs, ce sont des Juifs qui exercent effectivement la direction du parti : le secrétaire financier William Weiner (président du Comité Juif contre le Fascisme et l'Antisémitisme), Gilbert Greenberg, chef des Jeunesses Communistes et délégué au 7e congrès du Komintern, Isaac Amter, Sol Nitzberg, Lloyd Lehmann (technicien de l'agriculture), David Dubinski (qui surveille John Lewis à la tête du C.I.O.), etc...

De même qu'en 1936 les communistes français se sont mis, soudainement, à tendre la main aux frères catholiques et à glorifier les servitudes militaires, les communistes américains ont adopté, la même année, les slogans les plus résolument patriotiques :

« *Le communisme, proclament-ils, c'est l'américanisme du XXe siècle.* »

Depuis cette époque, ils sont franchement bellicistes, farouchement partisans de la grande croisade antifasciste. Revanche des Juifs, défense de l'U.R.S.S., tout cela se confond, c'est une seule et même chose.

Aussi M. Roosevelt n'a-t-il jamais manqué une occasion de témoigner sa sympathie aux communistes, soit en leur confiant de hauts postes administratifs, soit en accordant son appui personnel à leurs organisations. Juste-avant la guerre, le président adressait à l'*American Youth congress*, un mouvement ouvertement domestiqué par le P.C.

américain dont Mrs Roosevelt est « membre protectrice », dont les principaux orateurs sont Earl Browder et La Guardia, le message suivant :

> « *Le Congrès prouve que vous êtes réunis pour examiner vos problèmes mutuels et ceux du pays dans son ensemble, pour accepter vos responsabilités comme citoyens... Je suis heureux de vous envoyer mes meilleurs vœux pour le succès de votre congrès qui étudie ces problèmes sans peur et qui cherche à les résoudre avec courage et détermination. Très sincèrement à vous...* »

Naturellement, depuis le début des hostilités, depuis que les U.S.A. ont allié leurs initiales à celles de l'U.R.S.S., l'influence des communistes s'est encore accrue. Ils sont devenus des personnages tout à fait officiels. Ils peuvent préparer à leur gré sous la protection des lois et les sourires de M. Roosevelt la révolution qui assurera en Amérique le triomphe définitif de l'« idéalisme juif. »

Les gens qui nient l'asservissement de Roosevelt au judaïsme insistent beaucoup sur le fait qu'un seul ministre (Morgenthau) est juif (3) et que le Congrès ne compte pas plus d'une dizaine de Juifs, ce qui peut passer pour un pourcentage assez raisonnable (4). Mais une fois de plus il nous faut distinguer entre les apparences et la réalité. Les ministres ne sont que de simples exécutants et le véritable pouvoir est exercé par ce fameux « trust des cerveaux » qui a fait couler tant d'encre et dont on ne parle presque plus, bien que sa puissance soit intacte. Or, ce « trust des cerveaux » est une affaire strictement juive. Maintenant que le professeur Raymond Moley et le général Johnson en ont été éliminés, il ne subsiste plus que la vieille garde hébraïque des conseillers intimes. Ce sont eux, et eux seuls, qui dictent à Roosevelt ses discours et ses décisions. Ils sont les maîtres de l'Amérique.

Examinons ces gentlemen d'un peu plus près.

Le plus ancien — un récidiviste en quelque sorte, car il s'est déjà engraissé lors de l'autre guerre — est Bernard Baruch que le *Jewish Examiner* du 20 octobre 1933 appelle avec tendresse : « Le président officieux. » Inutile de s'étendre sur son activité passée : Baruch est le

---

3. — Corden Hull, secrétaire d'État aux Affaires étrangères, est marié à une Juive. S'il n'est pas Juif de race, il n'est pas douteux que sous l'influence de sa femme il a pris l'habitude de penser juif et il n'en est que plus dangereux.

4. — Nous, naturellement, nous trouvons ce pourcentage excessif.

type même du ploutocrate sans scrupules, de l'aventurier auquel le libéralisme économique autorise les plus fructueuses razzias.

Avant 1914, il avait déjà accumulé une fortune colossale en spéculant à Wall Street sur les tabacs, le cuivre, le caoutchouc. Dès que la guerre éclate, il entre au « Comité des industries de guerre » ; il devient une sorte de dictateur à l'économie. Aucun marchand de canons ne peut obtenir de crédits sans son assentiment. C'est lui également qui décide des quantités de matériel que les alliés recevront et comment se fera la répartition. Les bénéfices qu'il réalise ainsi, avec le sang des autres, dépassent l'imagination. Il l'a d'ailleurs reconnu devant une commission d'enquête parlementaire qui le questionnait — bien timidement, d'ailleurs, comme toujours — sur ses agissements :

— *J'ai eu probablement*, a-t-il dit, *plus de puissance qu'aucun autre homme pendant la dernière guerre.*

Lorsque s'ouvre la conférence de la paix, Bernard Baruch surgit à Paris dans le sillage de Wilson. Il amène avec lui 117 collaborateurs tous juifs qui l'aident à consolider, dans les couloirs de la conférence, ses prodigieux bénéfices.

Ce profiteur de guerre, cet homme qui a ramassé son extravagante fortune sur les charniers d'Europe est, de plus, un cynique. On cite de lui ce mot que la *Chicago Tribune* a reproduit :

— *Le patriotisme, c'est un tas d'idioties.*

Le patriotisme est peut-être « un tas d'idioties », mais lorsqu'il s'agit du patriotisme juif, des gaillards de la trempe de Baruch n'hésitent plus. Ils sont, prêts à sacrifier le monde entier pour le salut de leur race.

Tel est le « président officieux », l'homme que Roosevelt voit presque tous les jours et sans l'avis duquel aucune décision importante ne peut être prise. On affirmait à Washington, lors de mon dernier voyage, que la reconnaissance des Soviets par les U.S.A. qui fut, on le sait, le premier acte de politique étrangère du président Roosevelt était l'œuvre personnelle de Baruch. Et le plus naturellement du monde, l'homme des marchands de canons de 1914-1918, l'ami des bolcheviks, le contempteur du patriotisme aryen est devenu l'un des animateurs les plus ardents du clan belliciste de Washington.

Une autre vedette du « trust des cerveaux » est Félix Frankfurter, l'homme qui selon le général Johnson (*Saturday Evening Post* du 26 octobre 1935) *a plus d'influence que n'importe quelle autre personne aux États-Unis*. Frankfurter, qui est né à Vienne en 1882, et dont la naturalisation est récente, doit sa notoriété à l'affaire Mooney. Mooney, militant communiste accusé d'avoir jeté une bombe sur un cortège officiel, en 1916, et d'avoir tué dix personnes, avait eu l'ingénieuse idée de prendre pour avocat un petit Juif obscur, Félix Frankfurter. Cette initiative le sauva de la peine capitale car, comme tous ses coreligionnaires. Frankfurter s'y entendait à merveille pour ameuter la « conscience universelle ».

Entre les doigts agiles de Frankfurter, l'affaire Mooney devint une sorte d'affaire Dreyfus américaine (est-« il » ou n'est-« il » pas coupable ?) et l'astucieux avocat fut aussitôt lancé, poussé au premier plan de l'actualité. On offrit à ce chat-fourré besogneux une chaire à Harvard. Puis lorsque M. Roosevelt devint président des États-Unis, c'est lui qui fut chargé de donner une structure légale au New-Deal. Il en profita aussitôt pour caser un certain nombre de ses frères de race : Herbert Feiss au secrétariat d'État, Benjamin Cohen et Nathan Margold comme conseillers financiers du ministère de l'Intérieur, David-T. Lilienthal à la direction du T.V.A. et Charles Wyzanski comme conseiller technique au ministère du Travail.

Félix Frankfurter n'a jamais caché qu'il était marxiste. À l'époque où les internationales juives s'attaquaient, dans chaque pays, au patriotisme et où socialistes et communistes refusaient chez nous de voter les crédits de la défense nationale, Frankfurter menait campagne, aux États-Unis, contre l'American Legion dont il flétrissait le « chauvinisme ». Il demandait que l'on perdît l'habitude de saluer le drapeau américain, que l'on cessât d'enseigner l'hymne américain dans les écoles. Membre de toutes les grandes associations extrémistes il faisait ouvertement l'apologie de la révolution et il encourageait plus particulièrement les nègres des États du Sud à se soulever contre les blancs. Tant de zèle a fini par être récompensé de façon éclatante. En janvier 1939, M. Roosevelt a nommé l'immigrant juif Félix Frankfurter juge inamovible à la cour suprême des États-Unis. Entre temps, il est vrai, Frankfurter avait cessé, comme tous ses frères de race de flétrir la défense nationale. Il était devenu ardemment belliciste. La destruction de l'hitlérisme exigeait cette volte-face. Le moyen le plus simple d'embrigader les aryens dans la grande croisade du racisme juif n'était-il pas de chatouiller leur patriotisme ? Vive, donc, le patriotisme ! Et tant pis s'il y a de la casse…

Lorsque le New-Deal fut élaboré, Félix Frankfurter avait pour principal collaborateur un autre juge à la cour suprême : Louis Dembitz Brandeis. De sorte qu'il est assez malaisé de discerner lequel des deux hommes peut légitimement revendiquer la paternité de l'« ordre nouveau » du président Roosevelt Le *New York Times* a écrit (28 janvier 1934) :

> « *La pensée profonde du New-Deal est la pensée profonde du juge Brandeis.* »

Ce petit point d'histoire a d'ailleurs peu d'importance. Il nous suffit de savoir que le juge Brandeis exerce sur le président Roosevelt une influence qui ne cesse de croître et qu'il est, en même temps, un Juif du type « conscient et organisé ».

Dans son livre Sionisme, il a écrit (page 113) :

> « *Reconnaissons que nous constituons, nous autres Juifs, une nationalité distincte dont chaque Juif fait nécessairement partie quels que soient son pays, sa position, ses opinions.* »

Le juge Brandeis ne se contente pas de cette profession de foi. Sa solidarité est agissante. Ses protégés sont nombreux et il compte parmi ses « clients » des personnages de marque. C'est lui, dit-on, qui a fabriqué l'élection du Juif Lehmann au poste de gouverneur de l'État de New-York en remplacement de Roosevelt C'est lui qui aurait fait nommer à la cour suprême le Juif Samuel Rosenmann que Roosevelt appelait son « bras droit ». Sa sollicitude s'étend également à l'avocat Samuel Untermeyer, conseiller personnel de Roosevelt, chef de l'organisation de boycottage des marchandises « racistes », dont les sympathies communistes sont de notoriété publique, et au député de New-York, Samuel Dickstein, qui s'est signalé eu disant à la radio, le 18 mars 1934 :

> « *Nous autres, Américains, nous devons changer nos lois afin que les Juifs allemands puissent venir ici tout de suite.* »

On n'en finirait pas de citer des noms. Depuis que Roosevelt est au pouvoir, les Juifs se sont si solidement installés dans toutes les administrations, dans tous les ministères qu'on a l'impression d'une gigantesque curée. Même lorsque le ministre responsable n'est pas juif, ses subordonnés immédiats le sont. C'est le cas au travail où, sous le paravent de l'aryenne Frances Perkins, on voit s'agiter Léo Wolman, président du comité des grèves, Sidney Hillman, conseiller, W.-M. Leiserson (né en Russie), secrétaire du bureau du travail, Isidor Lubin, délégué à la S.D.N., Frances Jurkowitz, secrétaire-adjointe au travail, Rose Schenederman (née en Russie), conseillère, etc., etc.

Au Commerce, aux Affaires étrangères, à l'Intérieur, c'est la même chose, la même colonisation frénétique. Il suffit de se rapporter à l'année 1936, de se rappeler ce que fut chez nous, sous Léon Blum, la ruée des Juifs sur les places (toutes les places et tout de suite !) pour imaginer l'atmosphère de Washington. La seule différence est que c'est un aryen qui est nominalement à la tête du gouvernement. Mais personne ne s'y trompe et Roosevelt ne manque jamais une occasion d'étaler, de hurler son philosémitisme militant. De même que Mrs Roosevelt s'affiche volontiers avec des nègres qui ne seraient reçus sous aucun prétexte dans les plus humbles des vieilles familles américaines, le président met un point d'honneur à se faire photographier le plus souvent possible en compagnie de Juifs et à leur manifester une tendresse spectaculaire.

Au dernier *Thanksgiving* de l'avant-guerre, notamment, c'est un petit Juif, Robert Rosenbaum, un horrible gamin crépu, à face de batracien, que Roosevelt avait à sa gauche lorsqu'il découpa solennellement sous les éclairs de magnésium la dinde traditionnelle. On sait l'importance de cette fête que l'on célèbre aux U.S.A. le dernier jeudi de novembre pour rendre grâce à Dieu des bienfaits accordés au cours de l'année. Fête religieuse, d'inspiration puritaine dont la coutume remonte à l'époque des pionniers et qui a conservé un caractère aussi familial que le Christmas anglais. Au repas du *Thanksgiving day* les vrais Américains ne convient que leurs proches parents.

Néanmoins, en 1938, M. Roosevelt n'a pas hésité à faire asseoir à sa table, sous prétexte de recevoir un « petit malade » à la Maison-Blanche un étranger dont il nous parait impossible qu'il ait été choisi par hasard. On avait invité le jeune Rosenbaum parce qu'il était Juif et seulement parce qu'il était Juif. Geste symbolique qui reçut dans les journaux du monde entier une énorme publicité et qui fut compris par tous les antifascistes comme un défi aux « méchants » hitlériens.

Si l'on était tenté d'oublier que Roosevelt est l'homme des Juifs, l'exécuteur servile de leur volonté, l'instrument de leurs vengeances, leur suprême espoir, les Juifs eux-mêmes se chargeraient de nous le rappeler.

Dès le 20 octobre 1933, le rabbin Louis-D. Gross écrit dans le *Brooklyn Jewish Examiner* :

Le gouvernement de Roosevelt a donné aux Juifs plus de situations importantes qu'aucun autre gouvernement dans l'histoire des États-Unis.

L'année suivante, le 12 mars 1934, un autre rabbin, S.-H. Goldenson renchérit dans le *Jewish Daily Bulletin* :

« Les Juifs doivent soutenir le président Roosevelt car ses idéaux sont les mêmes que ceux des anciens prophètes hébreux. »

Puis, en 1935, c'est le professeur juif H.-J. Laski qui déclare :

« Si l'expérience dont M. Roosevelt assume ta responsabilité échouait, comme conséquence du soutien qu'un grand nombre de Juifs éminents ont apporté à cette expérience, il y aurait un déchaînement d'antisémitisme aux États-Unis tel que la civilisation anglo-saxonne n'aurait jamais rien connu de semblable. »

Le 6 mars 1939, Roosevelt reçoit la médaille d'or du congrès juif « pour services exceptionnels rendus à la cause des Israélites aux États-Unis. »

Et en mai 1939, le congrès des B'naï B'rith, la toute puissante association maçonnique juive, adopte à l'unanimité une motion demandant qu'au mépris de toutes les traditions américaines Roosevelt soit réélu président pour la troisième fois.

C'est que les choses allaient plutôt mal. La fameuse expérience Roosevelt dont le professeur Laski avait si justement prévu qu'elle déclencherait en cas d'échec une vague d'antisémitisme sans précédent, on ne pouvait plus, à la veille de la guerre, en dissimuler la faillite. Les molles poursuites engagées contre la banque Morgan avaient laissé subsister la toute-puissance des trusts. Le New Deal n'avait réduit le chômage que d'une manière infime. Onze millions de sans-travail continuaient à vivre des subsides de l'État sans aucun profit pour la collectivité. Les conflits sociaux se multipliaient chaque jour et prenaient un caractère de plus en plus violent. L'Amérique tout entière connaissait le climat pré-révolutionnaire de l'Espagne de 1935 et de la France de 1936.

Pour s'être abandonnée aux alchimistes juifs, l'Amérique expiait durement son aberration. Et si elle comprenait — car malgré tout elle pouvait se décider à comprendre — son réveil serait terrible.

C'est cela que les cerveaux juifs qui pensent pour M. Roosevelt ont voulu éviter. Il leur restait une dernière chance, un vieux truc passablement usé mais qui séduit toujours les ploutocrates acculés à la faillite : la guerre.

La guerre qui fait oublier d'un coup toute les faillites de la démocratie.

La guerre qui étanche la soif de revanche des bellicistes hébreux.

La guerre qui impose l'union sacrée autour des étendards d'Israël.

La guerre juive...

———◄o►———

CHAPITRE VI

LES INSOUMIS

> *Si vous risquiez un petit mot contre la grande invasion youtre… vous tous autant que vous êtes, journaux, on vous étranglerait si net que l'on oublierait en huit jours le nom même que vous arborâtes!… jusqu'à la couleur de vos pages! Plus une annonce! Plus un théâtre! En cinq minutes ça serait tranché, transmis, lavé… Plus un crédit, plus un permis, plus un papier et puis bientôt plus une nouvelle, plus un appel au téléphone, le vide…*
>
> LOUIS-FERDINAND CÉLINE
> (*Bagatelles pour un massacre.*)

Le grand malheur de l'Amérique, c'est de n'avoir pas donné le jour à des antisémites de qualité. Rien qui ressemble à Drumont ou à Céline de l'autre côté de l'Océan. Aucun penseur, aucun polémiste qui se soit donné la peine de débroussailler la démocratie et de doter son pays d'une véritable doctrine nationaliste, d'un antisémitisme de raison dont puissent se recommander les hommes de bonne volonté.

Il est un peu affligeant de constater que le « grand ancêtre » de l'antisémitisme américain est M. Henry Ford. M. Ford est un businessman heureux qui a gagné un milliard de dollars en exploitant une idée simple : l'auto construite en grande série et mise à la portée de toutes les bourses, mais il est douteux que son nom laisse quelque trace dans l'histoire de la philosophie contemporaine. Ses écrits ne le situent guère au-dessus de la bonne moyenne des élèves de l'école primaire et d'ailleurs son antisémitisme n'a été qu'une crise passagère, une sorte d'accès de rage que les Juifs se sont empressés d'apaiser en employant les grands moyens.

Avant de se lancer à l'assaut des citadelles juives, Henry Ford avait déjà démontré, au moins en une circonstance, que lorsqu'il croyait servir la cause du bien public, il n'hésitait pas à payer de sa personne.

En 1916, il avait frété de ses deniers un paquebot pour aller en Europe à la tête d'une délégation pacifiste, supplier les belligérants de cesser de se battre. La guerre lui paraissait une monstrueuse idiotie. Lui, qui était animé par la passion de construire, il n'arrivait pas à concevoir les raisons qui poussaient les hommes à s'entre-détruire avec un si sauvage acharnement. Quel affreux gaspillage de vies et de richesses !... Alors, naïvement, Ford s'était imaginé qu'il lui suffirait de paraître, et de tenir aux combattants un langage raisonnable : « *Voyons, vous êtes fous, rentrez chez vous...* » pour qu'aussitôt cessassent les massacres.

Naturellement, cette équipée se termina par un échec assez piteux. Les belligérants refusèrent de le recevoir et, en Amérique même, la plupart des journaux tournèrent le pèlerin en dérision. Mais Ford avait donné la preuve de sa bonne volonté.

La croisade contre les Juifs ne devait pas avoir plus de succès. C'est le 20 mai 1920 que l'hebdomadaire de Ford, le *Dearborn Independant* publia un article intitulé : « *Le Juif international, problème mondial* » qui retentit à travers toute l'Amérique comme un coup de tonnerre.

Eh ! quoi ? on osait toucher aux Juifs ! On osait aborder ce sujet tabou, braver les dieux tout-puissants de Wall Street et de la Maison-Blanche ! Les gens se regardaient, pétrifiés d'horreur.

Qu'allait-il se passer ?

Sûrement le ciel allait s'effondrer...

Ce premier article était pourtant assez banal, ou plutôt il nous semble tel, à nous qui sommes familiarisés avec le problème juif et qui avons vu s'accomplir point par point les prédictions (vraies ou fausses, peu importe) des *Protocoles des sages de Sion*. L'auteur anonyme expliquait qu'il existait un complot juif pour s'assurer la domination du monde, que les Juifs contrôlaient déjà la Russie grâce aux bolcheviks et l'Europe occidentale grâce aux financiers internationaux, qu'aux États-Unis les Juifs avaient déjà conquis New-York et en avaient fait la ville la plus dépravée du monde, qu'ils étaient en train de mettre la main sur le pays tout entier.

La philippique du *Dearborn Independant* était suivie de cette mention :

> « Henry Ford prend la responsabilité de tous les articles publiés dans l'Independant, ce journal étant sa propriété personnelle. La question juive, comme le sait chaque homme d'affaires, s'est aggravée aux États-Unis. Et personne n'a osé la discuter parce que l'influence juive aurait été assez puissante pour l'anéantir... »

Comment Henry Ford, cet homme si peu cultivé, si peu curieux des choses de l'esprit, confiné dans ses usines et privé volontairement de tout contact avec New-York avait-il pu se rendre compte aussi clairement de la puissance juive ? Il en avait eu la révélation sur le fameux « bateau de la paix » qui l'emmenait en Europe, en 1916, et il l'a raconté dans une page de souvenirs que *Gringoire* a opportunément rappelée le 13 février 1942 :

> « *Sur le navire étaient deux Juifs considérables. Nous n'avions pas fait deux milles en mer qu'ils commencèrent à m'entretenir du pouvoir de la race juive, à me dire comment ils tenaient le monde par le contrôle de l'or et que les Juifs seuls et nuls autres que les Juifs pouvaient arrêter la guerre.*
>
> « *Je résistais à les croire et je leur dis. Alors, ils entrèrent dans des détails pour me dire par quels moyens les Juifs manœuvraient la guerre... argent... matières premières... tant et si bien qu'ils me persuadèrent.*
>
> « *Ils affirmaient et ils croyaient que les Juifs avaient déclenché la guerre, qu'ils la continueraient aussi longtemps que bon leur semblerait et qu'elle ne s'arrêterait pas tant que les Juifs, n'auraient pas décidé de l'arrêter.* »

Alors, ayant perçu le danger, Henry Ford décida de se lancer dans la bagarre, avec tous ses moyens financiers qui étaient immenses, et ses moyens intellectuels qui étaient, hélas, beaucoup plus limités. Mais il agissait spontanément, en homme de bonne volonté, dans le seul but d'ouvrir les yeux de ses compatriotes, de leur rendre service.

L'article du *Dearborn Independant* était le premier d'une longue série. Au début, les Juifs jugèrent plus habile de ne pas répondre. Ils firent autour du journal de Ford une vaste conspiration du silence, la méthode favorite des gens d'Israël chaque fois qu'ils sont impuissants à exercer des représailles directes contre leurs ennemis. Cependant, la vente du *Dearborn Independent* ne cessait de croître et les révélations de ses rédacteurs se faisaient de plus en plus précises, de plus en plus alarmantes.

Alors, certains Juifs perdirent patience et l'un d'eux, Isaac Laudmann, rédacteur en chef de l'*American Hebrew* défia Ford de « prouver » qu'il existait un complot juif. L'*American Hebrew* s'offrait à payer les détectives. C'était un piège grossier, car il est bien évident qu'il est impossible de sténographier les conciliabules des chefs de la juiverie ou de les photographier « en train de conspirer ». Mais Ford qui, comme tous les simples, avait un faible pour les romans policiers, tomba allègrement dans le panneau et lança ses propres détectives sur la piste du complot. Alors, ce qui devait arriver arriva. Le *Dearborn Independent* fut inondé de faux documents fabriqués par des policiers véreux à la solde des Juifs. Et ceux-ci en profitèrent pour triompher bruyamment chaque fois que Ford se laissait mystifier. Le fruste businessman de Detroit n'était pas de taille dans cette joute contre les talmudistes subtils et sans scrupules de New-York.

Cependant, toute cette agitation alarmait les Juifs. C'est leur intérêt majeur qu'on parle d'eux le moins possible, c'est seulement sous le couvert de l'ignorance qu'ils peuvent asseoir leur domination et mieux vaut un silence total que la plus brillante campagne de presse en faveur de la race élue. Car prendre leur défense, c'est les désigner à l'attention, et ils ne peuvent vraiment agir avec efficacité que lorsqu'il est admis une fois pour toutes qu'il n'y a pas de question juive.

Ford était accablé de papier timbré. Par centaines, des Juifs lui intentaient des procès ou exigeaient l'insertion de mises au point ou de démentis. Il s'en réjouissait :

> « *Nous avons provoqué, écrivait son journal, un grand déchaînement de bavardage au sujet de la question juive dans ce pays.* »

Il fallait en finir : un beau jour, sur un ordre mystérieux, tous les Juifs — ce qui n'était pas tellement grave — et tous les aryens enjuivés, contrôlés, domestiqués, asservis par les Juifs — ce qui était beaucoup plus inquiétant — se mirent à boycotter les automobiles Ford. Plus un sou pour l'ennemi des Juifs.

Ford était riche d'un milliard de dollars, mais c'était une fortune entièrement investie dans ses usines, une fortune qui faisait vivre des centaines de milliers de personnes, une fortune extrêmement vulnérable. Que la vente s'arrêtât et la débâcle serait verticale.

Alors, Ford capitula. En janvier 1922, le *Dearborn Independant* publia une note embarrassée expliquant que le journal devait renoncer à ses attaques, mais qu'il invitait tous les Goym à ne pas perdre de vue la question juive.

Les Juifs avaient réduit au silence le businessman le plus riche des États-Unis.

L'échec de Ford ressemble beaucoup à la faillite du Ku Klux Klan au lendemain de l'autre guerre. On sait que cette association secrète a pris naissance en Géorgie pendant la période dite « de reconstruction » qui suivit en 1865 la débâcle des armées sudistes. Le K.K.K. dont le rituel et l'aspect carnavalesque nous paraissent risibles, aussi risibles que les mascarades de nos francs-maçons, était cependant, à l'époque, impérieusement nécessaire. Et nécessaire dans sa forme même, avec ses cagoules, ses suaires et ses croix flamboyantes. On peut même dire que c'est le K.K.K. qui a sauvé, en même temps que la personne physique des blancs, tout ce qui pouvait encore être sauvé de la civilisation sudiste. C'est que, sous la protection des baïonnettes nordistes les nègres brutalement émancipés par Lincoln avaient reçu tous les droits, on les encourageait à en user, à en abuser, à prendre toutes les revanches, à assouvir tous leurs instincts. Des troupes de pillards noirs incendiaient les fermes, massacraient les planteurs, violaient les femmes blanches. Et si un gentleman sudiste esquissait un geste de défense, il était automatiquement condamné par les cours martiales yankees. Par principe le blanc avait toujours tort, le nègre toujours raison.

Incapables de se faire rendre justice, bien résolus cependant à ne pas se laisser exterminer par leurs anciens esclaves, les sudistes vaincus imaginèrent alors le Ku Klux Klan. Ce n'était pas une mauvaise idée. L'association devait être secrète pour échapper aux recherches de la police nordiste, elle devait, de plus, avoir un aspect terrifiant pour étouffer chez les nègres toute velléité de résistance. Or, les noirs étaient tellement superstitieux que les draps de lit dont s'affublaient les membres du Klan pour ressembler à des fantômes avaient plus d'effet sur ces êtres primitifs que le châtiment le plus sanglant. À très peu de frais, en n'exécutant que le minimum de nègres, en se contentant de les épouvanter, les gens du Ku Klux Klan réussirent assez vite à ramener un peu d'ordre dans l'anarchie de la « reconstruction » et surtout à remettre chacun à sa place.

Puis, lorsque les troupes nordistes d'occupation se retirèrent et que les États du Sud recommencèrent à s'administrer eux-mêmes, le K.K.K. perdit peu à peu sa raison d'être et s'éteignit doucement. Au lendemain de la guerre de 1914-1918 il devait connaître une brève résurrection. Mais il ne s'agissait plus cette fois de mettre au pas des noirs trop entreprenants. Les buts du Klan étaient plus vastes. Le nouveau K.K.K., d'inspiration sudiste comme le premier, se proposait de débarrasser les États-Unis des influences étrangères, de tout ce qui ternissait l'idéal américain. Il professait un nationalisme jaloux, il prétendait remettre en honneur, au milieu des désordres de toutes sortes consécutifs à la guerre, le goût du travail, de la famille, de l'austérité, du patriotisme. Il dénonçait les méfaits du capitalisme, il répudiait le marxisme. Le Klan contenait en somme les germes d'un véritable national-socialisme américain. Malheureusement, les hommes qui s'étaient mis à sa tête n'avaient pas l'envergure nécessaire pour rendre populaires un idéal aussi noble et des principes aussi sains. Ils s'obstinaient à conserver le rituel bouffon et désuet de la « reconstruction ». Or, si l'ère des chemises de couleur commençait, celle des fantômes était close. En 1920, avec leurs suaires, les gens du Klan ne faisaient plus peur à personne, et l'on ne se gênait pas pour se moquer d'eux.

Pourtant, en dépit de l'insuffisance de ses dirigeants et du ridicule de ses méthodes le Klan faisait d'assez étonnants progrès, surtout dans les petites villes de l'Ouest, parmi les classes moyennes, car la tentation du fascisme — ce mal du siècle, comme l'a dit Robert Brasillach avec tant de compréhensive sympathie était grande et seul le Klan répondait à ce besoin religieux de rénovation nationale et de pureté. On évalue à environ quatre millions de personnes le nombre des adhérents et sympathisants du Klan, en 1920.

Seulement, le nouveau Klan était antisémite. Il ne pouvait pas ne pas l'être. Le danger n'était plus comme en 1865 la révolte des esclaves. Les cagoulards de la « croix flamboyante » qui nourrissaient par ailleurs d'assez naïves préventions contre les catholiques « sujets d'un souverain étranger » avaient très bien compris que les véritables ennemis de l'américanisme étaient les Juifs. Malheureusement, ils n'étaient pas de taille pour lutter contre de tels adversaires. Leur doctrine était confuse, leurs méthodes périmées, et lorsque les Juifs eurent décidé d'en finir avec le Klan la liquidation se fit en quelques mois. Pour cela, les Juifs que soutenaient toutes les associations d'obédience maçonnique eurent recours à leur arme favorite : la calomnie. Comme les Juifs contrôlaient les principaux journaux, il leur fut aisé de déshonorer les chefs du nouveau Klan. Attaqués dans leur probité, dans leur honneur, dans leur moralité, ceux-ci ne purent faire entendre leur défense. Et par ailleurs, on ridiculisait — ce qui n'était pas très difficile — l'institution tout entière, en mettant l'accent sur son rituel puéril, en assimilant ses pratiques aux traditions les plus odieusement « obscurantistes » de l'Inquisition.

Le Klan de l'après-guerre avait eu une brusque croissance. Il disparut presque aussi vite. Ainsi s'évanouirent les promesses d'un fascisme américain.

Pendant un temps on a pu croire que le père Coughlin, le *radio priest*, allait coaliser tous les adversaires du judaïsme. Ce sympathique ecclésiastique s'était taillé une place exceptionnelle dans la vie politique américaine. Chaque semaine il haranguait sur toutes les longueurs d'onde des millions d'auditeurs. Et ce qu'il disait n'était pas déraisonnable du tout. Il flétrissait le capitalisme et le marxisme avec une fougue de véritable fasciste, il invoquait l'encyclique de Léon XIII pour justifier l'édification d'un État nouveau où régnerait la justice sociale et, sans attaquer ouvertement la démocratie, il laissait entendre qu'il se consolerait fort bien de sa disparition.

Au début, lorsqu'on ne pouvait encore juger Roosevelt que sur ses promesses, le père Coughlin avait soutenu de toute son éloquence le candidat démocrate. Mais, dès 1934, le *radio priest* s'aperçut que le Président trahissait la cause des humbles, qu'il livrait le pays aux Juifs, qu'il menait l'Amérique à la guerre. Il rompit avec la Maison-Blanche et il se mit à la tête de la « Ligue Nationale pour la justice sociale ». En 1935, le père Coughlin dénonça pour la première fois devant le micro l'action des « banquiers internationaux », les Baruch, les Loeb, les Warburg, les Rothschild. Le mot juif n'était pas prononcé mais on ne s'y trompa point et les rabbins de New-York se dressèrent immédiatement pour accuser Coughlin de promouvoir des « haines de races ». Procédé classique. Dès qu'on met le pied sur un malfaiteur juif, qu'il s'agisse de Dreyfus, de Stavisky ou de Blum, tous les Juifs hurlent en chœur qu'on les attaque injustement, ils sont aussitôt solidaires du moins défendable d'entre eux.

Puis, le père Coughlin devint de plus en plus précis dans ses accusations, il se mit à appeler de plus en plus les choses par leur nom. Il voyait venir la guerre et avec beaucoup de clairvoyance il en distinguait les causes. Avec une énergie sans cesse accrue il adjurait ses compatriotes de ne pas se laisser glisser vers la catastrophe.

> « *Je crains plus une armée de dix millions de chômeurs chez nous qu'une armée de dix millions d'ennemis au delà des flots, proclamait-il le 8 anvier 1939. Je crains plus les conséquences de la misère de vingt millions de personnes vivant au-dessous du standard de vie américain que les forces combinées des dictateurs d'Europe... Comme Wilson, Roosevelt nous entraîne à la guerre, avec les mêmes méthodes, pour les mêmes raisons...* »

Et le 29 janvier 1939, le père Coughlin donnait tout son sens à la frénésie des bellicistes :

> « *Que les Juifs prennent donc position contre le communisme ! Qu'ils l'osent ! C'est le seul moyen qu'ils ont de prouver leur sincérité ! Mais ils ne s'en prennent qu'aux nazis et aux fascistes, sous prétexte qu'il s'agit de doctrines « étrangères » et qu'ils sont, eux, trop « américains » pour les accepter. Ils se gardent bien, par contre, de toucher au bolchevisme qui est tout de même — si les mots ont encore un sens — une doctrine étrangère !... Mieux, ils font tout pour que des soldats américains soient appelés un jour à mourir aux côtés des bolcheviks dans la croisade juive contre les pays totalitaires...* »

Pourquoi le père Coughlin qui voyait si sainement les choses n'a-t-il pas mieux réussi ?

D'abord son catholicisme éloignait de lui la plupart des protestants qui entretiennent aux États-Unis le vieux préjugé antipapiste des premiers puritains. Et puis l'homme avait ses défauts. Il y avait dans ce personnage débordant des meilleures intentions du monde un je ne sais quoi qui empêchait qu'on le prît trop au sérieux : trop d'attitudes théâtrales, trop de pirouettes foraines, pas assez de consistance dans sa doctrine.

D'ailleurs, les Juifs ne lui laissèrent pas le temps de pousser l'expérience bien loin. Dès qu'il se mit à dénoncer l'influence d'Israël et à tonitruer que les Juifs voulaient la guerre, les unes après les autres, comme par enchantement, les stations de radiodiffusion lui retirèrent leurs micros. Chassé des ondes, le père Coughlin était désarmé. On lui donna le coup de grâce dès le début des hostilités en l'inculpant de haute trahison, en l'accusant d'être vendu à l'Allemagne. Un vieux truc juif qui réussit toujours.

Quant aux autres adversaires du judaïsme, ils étaient, eux aussi, condamnés au silence. Certes, de nombreux Américains déploraient la dictature juive, des clubs et même des universités instauraient sournoisement une sorte de numerus clausus. Mais du moment que ces initiatives étaient isolées, elles n'inquiétaient guère la tribu. Ce que l'on ne pouvait pas tolérer, c'était l'expression publique de la révolte aryenne. M. Léon de Poncins cite dans *La Mystérieuse internationale juive* le texte d'une lettre envoyée le 13 décembre 1933 par l'*Anti Defamation League* de Chicago aux rédacteurs en chef des journaux américains :

« *Scribners and Sons viennent de publier un livre de Madison Grant intitulé :* La Conquête d'un Continent. *Il est extrêmement hostile aux intérêts du judaïsme.*

« *Nous avons intérêt à étouffer la vente de ce livre. Nous croyons obtenir au mieux ce résultat en ne nous laissant pas entraîner à lui faire de la publicité. Tout commentaire ou critique publique d'un livre de ce genre attire sur lui l'attention de beaucoup de gens qui, sans cela, en ignoreraient l'existence. Il en résulte un accroissement de vente. Moins il y aura de discussions sur ce livre, plus la vente en sera réduite.*

« *En conséquence, nous faisons appel à vous pour éviter tout commentaire de ce livre qui sera soumis tôt ou tard à votre attention. Nous sommes convaincus qu'une obéissance générale à cette ligne de conduite servira d'avertissement aux éditeurs et les empêchera de renouveler pareille aventure.* »

Que faire contre une conspiration du silence aussi merveilleusement organisée ? Dans un pays où le moindre journal est imprimé sur cinquante pages, le leader antisémite James True, fondateur de l'*America First Incorporated*, en était réduit, avant la guerre, à envoyer à ses partisans un bulletin hebdomadaire ronéotypé, qui suait la misère. En septembre 1934, James True avait réuni les souscriptions de quatre cents industriels qui s'étaient engagés à lui verser deux cent mille dollars pour fonder un journal. M. Roosevelt ayant eu vent de l'histoire menaça les souscripteurs de les mettre sur les listes noires du gouvernement. L'argent fut retiré et James True dut se débrouiller seul, rédiger ses bulletins dans sa chambre et les tirer avec un matériel de conspirateur. Ce qui n'empêchait d'ailleurs pas les ploutocrates juifs d'accuser James True d'être vendu à l'Allemagne !

Ainsi, aucune opposition possible. Une propagande belliciste dont Roosevelt et les grands Juifs se sont réservée le monopole, qui écrase toutes les velléités de résistance, qui fait taire toutes les voix discordantes. Lindbergh revient d'Allemagne en 1938, convaincu de la suprématie aérienne du Reich. On le chasse aussitôt de la *Lindbergh Air Line* qui disparaît et lorsque, en 1939, le héros national prend résolument la tête de la croisade antibelliciste, on le couvre des injures les plus ignobles, on met en question son courage, son intelligence, sa probité. Le vainqueur de l'Atlantique n'est plus qu'un « vendu », le chef de la « cinquième colonne ». De besogneux publicistes juifs tout aussi vils que les gangsters qui lui ont assassiné son fils s'acharnent à le déshonorer. On a vu, d'ailleurs, que les efforts de Lindbergh s'étaient dépensés en vain. Entre un héros aryen et le clan juif, aux États-Unis, la partie n'est pas égale.

Un autre personnage, moins célèbre mais tout aussi sympathique, s'est cassé les reins dans la même entreprise, le général George van Horn Moseley. Ce militaire avait eu l'imprudence de dénoncer le complot belliciste. Il fut aussitôt convoqué devant la commission d'enquête parlementaire présidée par le congressiste Dies dont le but était de faire la « lumière » sur l'activité des fascistes et des nazis aux États-Unis. Là, le 29 septembre 1938, le général Moseley se transforma d'accusé en accusateur et son réquisitoire fut jugé si convaincant que la Commission refusa de l'insérer dans son procès-verbal. Moseley fut obligé de l'imprimer à ses frais et de l'envoyer à ses rares amis.

Le général racontait tout d'abord qu'au début, lorsqu'il s'abstenait de parler des Juifs, on lui laissait dire tout ce qu'il voulait mais que le jour même où, dans un discours, il fit allusion à la race élue, il reçut une invitation de Louis-L. Strauss de la banque Kuhn, Loeb and C°, qui lui demandait un rendez-vous « amical ». Strauss l'assurait qu'ils pourraient facilement « s'entendre ». Moseley refusa tout net. Dès lors, il ne put plus publier un seul article ni prononcer un seul discours. Il était mis à l'index par la toute-puissante censure juive.

Et Moseley d'ajouter :

> « C'est une bien grande erreur stratégique que de s'acharner à ne s'entendre avec nos lointains voisins ni du côté de l'Atlantique, ni du côté du Pacifique… L'Amérique cherche une dangereuse querelle à l'Allemagne… J'ai trois fils. Je ne veux pas qu'ils aillent mourir pour satisfaire les passions idéologiques de M. Roosevelt. »

Un autre général (décidément, certains militaires américains sont bien sympathiques), le général Butler, s'écrie, le 11 mars 1939 :

> « S'il faut se battre tous les vingt ans pour la démocratie, pourquoi diable conservons-nous la démocratie ? »

Naturellement ces deux généraux adversaires du casse-pipe sont aussitôt chassés de l'armée.

À la veille de la guerre, les Juifs avaient brisé toutes les résistances, ils avaient fait le vide devant eux. Certes, les Américains n'étaient pas très chauds pour aller au combat, mais alors que les bellicistes étaient solidement organisés et maîtres du pays, le parti de la paix était décapité, sans chef ni doctrine, condamné à l'impuissance la plus complète.

CHAPITRE VII

FRAICHE ET JOYEUSE

> *C'est aux États-Unis que l'on observe au mieux, que l'on goûte toute la panique du Juif, la folle angoisse qui l'étrangle, camouflée d'arrogance, à la moindre évocation d'une possibilité d'un règlement de compte général, mondial. Ils en parlent, ils en tétanisent, ils s'en désossent de terreur comme sur la chaise d'exécution. « La guerre contre Hitler ! » Et tout de suite ! Ralliement, mot d'ordre, magie précipitative, évangélisation de toute la juiverie américaine, fantastiquement démocrate.*
>
> LOUIS-FERDINAND CÉLINE
> (*L'École des Cadavres.*)

Les Américains ont gardé un très mauvais souvenir de l'avant-dernière guerre. Non qu'ils aient beaucoup souffert : leurs pertes s'élevèrent à soixante-quinze mille hommes, ce qui, proportionnellement à la masse de leur population, est insignifiant. Non qu'ils aient eu à se plaindre au point de vue matériel : les destructions furent réservées à l'Europe et, malgré la carence des États débiteurs, l'opération se solda par de jolis bénéfices, par un développement vertigineux de l'industrie, par la conquête de nouveaux marchés raflés aux belligérants en Amérique du Sud et en Extrême-Orient.

Pourtant l'Américain moyen a eu l'impression d'avoir été dupé. Et, en fait, il a bien été dupé. Dupé par Wilson qui avait promis la paix pour se faire élire et qui déclara la guerre dès qu'il eut pipé les suffrages de ses compatriotes. Dupé par les alliés qui refusèrent de faire la paix « sans annexion ni indemnités » et qui se dérobèrent ensuite au paiement de leurs dettes. Dupé par l'ensemble des nations européennes que l'effroyable expérience ne réussit pas à assagir et qui recommencèrent, dès la signature du traité de Versailles, à se disputer.

Non, décidément, ces gens-là (les Européens) ne méritaient pas que l'on s'occupât d'eux, que l'on se sacrifiât pour assurer leur bonheur et pour faire régner la justice. Qu'ils se débrouillent entre eux ! Qu'ils règlent seuls leurs sordides petites querelles de préséances et de bornes-frontières.

La guerre n'avait servi à rien. Elle n'avait profité qu'aux banquiers et aux marchands de canons. L'homme de la rue, aux États-Unis, jura, dès 1919, qu'on ne l'y reprendrait plus.

En 1921, lorsque je fus admis dans une école de New-York, un de mes premiers étonnements fut de constater à quel point les alliés étaient impopulaires. En quelques mois les Américains avaient oublié qu'ils venaient de se battre contre l'Allemagne. Pas trace de rancune. Au contraire, on plaignait les vaincus de subir le traité de Versailles, on flétrissait l'« impérialisme » français et le Juif américain Otto Kahn menait campagne dans le *Forum* pour que l'Autriche et les provinces Sudètes de la Tchécoslovaquie fussent rattachées à l'Allemagne.

En 1929, lorsque je retournai aux États-Unis, ce sentiment n'avait fait que se développer. Les sympathies allaient à l'Allemagne, et ceci avec d'autant plus de conviction que le Reich était alors un bastion juif. Les directeurs de conscience des États-Unis aimaient la *Judenrepublik* de Weimar comme ils devaient aimer un peu plus tard la France juive de Léon Blum. Mais il était bien entendu que ces sympathies ne pourraient en aucun cas se manifester de façon tangible. L'Amérique était farouchement résolue à ne plus jamais intervenir, quoi qu'il arrivât, dans les affaires d'Europe.

En 1935, les sympathies américaines avaient changé d'objet. Ou plutôt, sans que l'on se fût mis à chérir la France, on flétrissait l'hitlérisme, on ameutait l'opinion contre la « barbarie raciste ». Mais l'isolationnisme américain était intact. On voulait bien encourager les combattants, on n'envisageait nullement de descendre dans l'arène. Le sentiment dominant des mobilisables moyens était que le triomphe de la démocratie en Europe ne valait pas les os d'un garde national de l'Oklahoma. Sentiment tellement fort que les polémistes juifs les plus excités n'osaient heurter de front l'opinion publique en préconisant la participation des États-Unis à la grande croisade antihitlérienne et que le président Roosevelt lui-même était contraint de rabâcher qu'il maintiendrait le pays en dehors de tous les conflits futurs.

Pourtant, le président Roosevelt était d'ores et déjà le chef spirituel de la croisade, le protagoniste secret mais fanatique de la guerre qui venait, le pape des bellicistes.

Par une coïncidence significative, le chancelier Hitler et M. Roosevelt ont pris le pouvoir à peu près en même temps, à quelques semaines d'intervalle. D'un côté, le libérateur des aryens. De l'autre, le champion de la juiverie. Entre ces deux hommes, entre les valeurs qu'ils symbolisent, pas, de compromis possible. Car du jour où Hitler est devenu chancelier du Reich date le début de la guerre que les Juifs du monde entier ont déclarée à l'Allemagne. Le physicien Einstein a exprimé avec une naïveté bien instructive les sentiments parfois cachés mais profonds des gens de sa race.

Avant Hitler, il écrivait :

« En cas de guerre, je refuserai tout service militaire direct ou indirect et je m'efforcerai de persuader à mes amis d'en faire autant, sans tenir compte des droits et des torts quant à l'origine du conflit. »

Dès qu'Hitler prend le pouvoir, le même Einstein passe la frontière et il déclare aussitôt aux gens qui l'ont accueilli :

« Si j'étais Belge, je ne refuserais pas le service militaire dans les circonstances actuelles, mais je l'accepterais, au contraire, en pleine conscience. »

Notez qu'Einstein n'a pas plus envie « après » qu'« avant » d'aller personnellement à la riflette. Mais « avant », il prêchait la crosse en l'air et « après » il envoie au massacre d'un cœur léger, *en pleine conscience*, les braves petits gars aryens des pays asservis.

D'un seul coup, à l'instar d'Einstein, les Juifs du monde entier se sont transformés, avec plus ou moins de succès, en sergents recruteurs. Et M. Roosevelt est trop étroitement soumis aux Juifs pour avoir pu songer, un instant, à contrecarrer leurs aspirations. Bien au contraire, il a servi de caution morale à ces aspirations, il les a camouflées en mouvement humanitaire, il s'est employé avec une vigilante ténacité à mettre le plus d'atouts possible dans le jeu d'Israël, à dresser le plus d'adversaires possible contre l'hitlérisme, et surtout à saper, à user l'isolationnisme américain, à faire progressivement accepter par le peuple des États-Unis l'idée que la guerre est possible, qu'elle est nécessaire, qu'elle est inévitable.

Travail de longue haleine, qui se heurtait en Amérique à beaucoup plus d'obstacles qu'en Europe. Car on peut toujours persuader à un Européen, surtout lorsqu'on le lance dans une guerre d'agression, que son existence est menacée, tandis qu'il est tout de même difficile de faire admettre à un fermier du Middle West qu'il est urgent d'aller mourir quelque part dans les Flandres.

Je me rappelle un film, « *Monsieur Tout-le-Monde* », qui illustrait assez bien l'état d'esprit des administrés de M. Roosevelt. « *Monsieur Tout-le-Monde* » est un Américain, si merveilleusement moyen en tout, qu'une maison de publicité l'a engagé pour lui servir de « témoin ». On est sûr que, lorsqu'il a choisi une cravate, c'est bien la cravate qui plaît à presque tous les Américains, on sait que le cocktail qu'il préfère est celui qui convient à la majorité des Yankees altérés, qu'une torpédo remarquée par lui au Salon se vendra sans difficulté. Les goûts de « *Monsieur Tout-le-Monde* » sont toujours ratifiés par la clientèle et il suffit de le consulter pour entreprendre sans risque des fabrications en grande série.

« *Monsieur Tout-le-Monde* » est tellement infaillible qu'on décide un jour de connaître son sentiment sur la politique étrangère On le réveille au milieu de la nuit pour lui annoncer une agression fasciste. *Fichez-moi la paix*, répond « *Monsieur Tout-le-Monde* ». *Et il se rendort.* Une heure après, on le prévient que la démocratie agonise en Europe. *Pour l'amour de Dieu, ne troublez pas mon sommeil.* Enfin on l'informe que les avions ennemis sont dans le ciel de New-York. Bien, dit « *Monsieur Tout-le-Monde* », *dans ce cas, je vais me battre*. Et il se lève pour aller s'engager.

C'est ce « *Monsieur Tout-le-Monde* », ce sont ces innombrables « *Messieurs Tout-le-Monde* » des États-Unis que le président Roosevelt, idéale incarnation du bellicisme juif, a lancés dans la guerre des démocraties.

La première chose à faire était d'éliminer les Américains clairvoyants qui avaient éventé le complot, qui avaient compris vers quels désastres le président et son gang juif entraînaient le pays. Nous avons vu dans le chapitre précédent comment ces gens ont été réduits au silence.

Un seul obstacle aux projets de M. Roosevelt, un obstacle qui était, il est vrai, de taille : l'apathie du peuple américain, sa ferme volonté de ne pas faire la guerre. Ce peuple saoulé, abruti de propagande juive, était acquis aux idées de ses maîtres. Il haïssait le fascisme. Il adorait la démocratie. Mais il ne voulait pas se battre. D'où la nécessité de lui dorer la pilule, de l'habituer tout doucement, extrêmement doucement, à l'idée de la guerre.

Au début, la volonté isolationniste du peuple américain est si grande que M. Roosevelt (tout comme Wilson) est obligé, pour conserver sa popularité, de multiplier les professions de foi pacifistes. C'est ainsi qu'il prononce, le 14 août 1936, à Chautauqua, ce discours qui constitue, comme on dit au Palais de Justice, des « aveux spontanés », qui représente le plus impitoyable réquisitoire qui ait jamais été prononcé contre le propre bellicisme du président :

> « Si la guerre devait éclater sur un autre continent, ne nous dissimulons pas que, poussés par l'appât de profits immédiats, il se trouverait dans le pays des milliers d'Américains qui essayeraient de nous faire sortir de la neutralité. Ils vous diront — et malheureusement leurs vues rencontreront une large publicité — que s'ils pouvaient produire et exporter tous les articles dont les belligérants ont besoin, tous les chômeurs d'Amérique trouveraient du travail. Ils vous diront que s'ils pouvaient ouvrir des crédits aux nations en guerre, ces crédits seraient utilisés aux États-Unis pour bâtir des maisons et des usines et pour payer nos dettes. Ils vous diront qu'une fois de plus, l'Amérique s'emparerait du commerce du monde.
>
> « Il sera dur de résister à cette clameur. Il sera dur, je le crains, pour beaucoup d'Américains de regarder plus loin, de réaliser les inévitables retours qui suivent la fausse prospérité. Pour résister aux cris de cette meute, si la guerre survenait, il faudrait mobiliser la masse des Américains qui aiment la paix. Si nous avons un choix à faire entre les bénéfices et la paix, la nation devra répondre et répondra : la paix ! »

En 1937, le président donne à son opinion la satisfaction de la fameuse loi de neutralité qui interdit l'exportation de matériel de guerre destiné à des pays belligérants.

Cette attitude n'est d'ailleurs pas en contradiction avec les plans des membres du « trust des cerveaux ». Ceux-ci ne tenaient pas essentiellement à faire la guerre. Ils tenaient à ce que l'on fît la guerre à Hitler, ce qui n'était pas tout à fait la même chose.

Bien sûr, dans les déclarations officielles, dans les articles de presse, c'est surtout à la dictature que l'on s'en prend et l'on affecte de n'agir ainsi que pour défendre la démocratie. Mais assez curieusement, on ne blâme presque jamais le dictateur Staline, ni les dictateurs d'Amérique du Sud, ni le dictateur turc, ni Tchang Kaï Chek. Hitler seul est en cause (et aussi, à un moindre degré, Mussolini, son allié). Parce qu'Hitler est antisémite. Et seulement parce qu'il est antisémite, il doit être abattu.

D'ailleurs si Roosevelt conserve quelque prudence dans ses invectives, certains de ses collaborateurs immédiats sont beaucoup moins hypocrites, beaucoup plus francs. Ils ne craignent pas de désigner nommément l'ennemi n° 1 de la juiverie. C'est ainsi que Harold L. Ickes, secrétaire d'État à l'intérieur baptisé « le Juif synthétique » par les antisémites américains, multiplie les provocations et clame bien haut ce qu'insinue son patron Roosevelt.

Présidant le 26 avril 1938 un banquet donné en l'honneur de la racaille juive réfugiée aux U.S.A., il s'écrie :

> *« Les États-Unis se sont enrichis du flot des esprits brillants réduits à l'exil par les persécutions nazies. Notre pays salue ces exilés !... Bientôt les rayons de la liberté perceront les nuages sombres, car le plus puissant des tyrans ne peut tuer l'âme de l'homme. »*

Le 18 décembre 1938, parlant à Cleveland (Ohio), il est plus précis encore :

> *« On insulte le moyen âge en lui comparant les pays totalitaires modernes... Si l'on veut faire une comparaison, il faut remonter à l'âge où il n'y avait pas de civilisation, mais simplement de la bestialité. Certaines régions de l'Europe permettent en ce moment aux anthropologues d'étudier l'homme préhistorique sans recourir à une mâchoire ou à une dent humaine remontant à l'époque préhistorique. »*

Jamais, en temps de paix, dans aucun pays du monde, un ministre responsable n'avait encore défié plus insolemment une nation étrangère avec laquelle n'existe aucun différend sérieux. Mais les Juifs américains sont tellement aveuglés par leur fureur raciste qu'ils ont perdu toute espèce de pudeur. Ils trépignent d'impatience. Ils brûlent de se venger, il leur faut du sang, des cadavres, le plus vite possible.

Interprète fidèle des passions qui animent les maîtres des États-Unis, l'*American Hebrew* écrit tout crûment, le 3 juin 1938 :

- « Hitler chevauche une vague, il va y sombrer. Il a oublié l'exemple du Pharaon, le sort de ceux qui persécutent le peuple élu. Ce peuple se lève toujours pour mordre au talon ceux qui veulent marcher sur lui.
- « Les forces de la réaction sont mobilisées. Une combinaison de l'Angleterre, de la France et de la Russie arrêtera tôt ou tard la marche triomphante du Führer que le succès affole. Soit par accident ou par décision (?) un Juif est monté à un poste d'importance prédominante dans chacune de ces trois nations ; dans les mains de ces non-aryens réside le sort de millions de vies humaines.
- « Blum n'est plus premier ministre de la France, mais le président Lebrun n'est qu'un homme de paille et Daladier n'a pris les rênes que pour un moment. Léon Blum est le Juif prédominant, celui qui compte. Il peut donc être le Moïse qui, au bon moment, conduira la nation française.
- « Le grand Juif qui siège à la droite de Staline, ce soldat de plomb du communisme, Litvinov, a grandi en stature au point de dépasser n'importe quel camarade de l'Internationale, à la seule exception du chef au teint jaune du Kremlin.
- « Fin, cultivé, l'habile Litvinov a imaginé et réalisé le pacte franco-russe. C'est lui qui a convaincu le président Roosevelt. Il a réalisé le summum dans le jeu diplomatique en gardant la conservatrice Angleterre conduite par les Etonians en chapeau de soie dans les termes les plus amicaux avec la Russie rouge.
- « Et Hore Belisha ! Suave, versatile, rusé, ambitieux et compétent, flamboyant, autoritaire, son étoile s'élève toujours. Il suivra le chemin de Disraeli jusqu'à la résidence du 10 Downing Street où se décide le destin de tous les sujets du roi. La montée de Bore Belisha a été sensationnelle. Il est passé maître dans le sage emploi de la propagande, ayant acquis son expérience auprès de lord Beaverbrook. Il a manœuvré pour tenir son nom toujours en vedette. Ce jeune homme agressif a transformé la vieille armée anglaise déguenillée, rustre, routinière et usée en une machine guerrière mécanisée qui est sur pied de guerre dans un monde qui menace de devenir un simple crottin (?) pour les dictateurs.
- « Ces trois fils éminents d'Israël vont se liguer *pour envoyer au diable l'audacieux dictateur qui sera abaissé — pas trop doucement — dans un trou creusé dans la terre. Et alors les Juifs chanteront* Alleluia. L'Europe sera broyée en morceaux.

> « *Il est presque certain que ces trois nations se tiendront coude à coude, dans une virtuelle alliance contre Hitler. Quand la fumée de la bataille tombera, quand les clairons se seront tus et quand les obus auront fini d'exploser, alors le trio des non-aryens entonnera un* Requiem *qui sonnera curieusement comme un mélange de la Marseillaise, du* Gode save the King *et de l'Internationale, se terminant dans une grande finale agressive, fière et militante qui sera l'hymne juif* : Eili ! Eili ! »

À la lueur de cet article, la politique américaine de ces dernières années devint limpide : tout pour la guerre, ne rien négliger pour envenimer les querelles européennes, pour encourager les russo-franco-britanniques à aller de l'avant, le meilleur encouragement étant de leur laisser croire qu'en cas de conflit l'Amérique se précipitera à leur secours.

D'où le jeu extrêmement subtil de M. Roosevelt qui s'emploie, d'une part, à rassurer son opinion publique (*soyez tranquilles, nous ne bougerons pas !*) et d'autre part, à exciter les démocrates bellicistes d'Europe (*allez-y, nous sommes avec vous !*)

Ce n'est pas par hasard que le premier ambassadeur nommé à Paris par M. Roosevelt est le Juif Jesse Strauss (propriétaire des magasins Macy de New-York) et que son successeur est le demi-Juif William Bullitt, fils de la Juive Louisa Gross Horwitz et marié à la veuve du leader communiste américain John Reed. Bullitt arrive tout droit de Moscou où il a tumultueusement sympathisé avec Staline et où il a cédé sa place à un autre Juif, Steinhardt. La mission de ces gaillards est précise. Ils doivent mettre le feu aux poudres.

La crise tchèque fait frétiller d'allégresse tous les Juifs d'Amérique. C'est l'occasion tant espérée, tant attendue. M. Pittmann, président de la commission des Affaires étrangères du Sénat écarte d'avance toute tentative de compromis :

> « *La Tchécoslovaquie, dit-il, a le droit d'attendre et de demander la protection des gouvernements responsables de sa création et qui se sont engagés à la protéger.* »

Bernard Baruch, après avoir passé tout l'après-midi avec le président Roosevelt, téléphone à sir John Simon :

> « *Ne cédez pas, nous vous soutenons.* »

Mais les Anglais trouvent que la guerre serait prématurée et c'est l'accord de Munich qui est accueilli en Amérique avec une véritable consternation. La presse juive, horriblement déçue, exhale sa fureur contre la France :

« Alors quoi ? On se dégonfle ? On renâcle ?
« On ne veut plus être le « Christ des Nations » ?
« Les Français n'ont donc plus rien dans le ventre ? »

Au retour d'un voyage aux États-Unis, le docteur Goldmann, un des leaders du « Congrès juif mondial », résume assez bien cette déception dans une interview que l'*Ordre* (15 janvier 1939) recueille pieusement :

« Les Juifs d'Amérique ont compris que l'époque humanitaire est à jamais révolue, que le problème juif ne ressortit plus à la philanthropie, que, pour sauver le corps mutilé du peuple juif, il faut, non plus des emplâtres de bienfaisance, mais une action d'ensemble, précise, énergique, radicale.

..

« Qu'il me soit permis d'ajouter quelques mots encore sur l'étonnement attristé qu'éprouvent des différents milieux (les bellicistes américains) en constatant que la France est absente du combat décisif qui se livre aujourd'hui dans le monde autour des droits de l'individu. »

De son côté, Roosevelt comprend qu'une des raisons qui ont retenu les démocraties est l'incertitude dans laquelle elles se trouvent sur la nature de l'appui américain (5) et qu'il devient nécessaire, si l'on veut vraiment qu'elles se battent, de leur prodiguer des encouragements plus spectaculaires sans prendre naturellement d'engagements précis. L'assassinat du conseiller von Rath par le misérable Grynspan lui en fournit l'occasion. C'est le premier coup de feu de la guerre mondiale, quelque chose d'assez semblable à l'« exploit » du Juif Princip à Saraïevo. Mais le vertueux M. Roosevelt n'a pas un mot pour plaindre la victime et dès que le Reich décide des représailles contre la communauté israélite, il se solidarise avec le meurtrier : dans un geste de théâtre, il rappelle son ambassadeur à Berlin. Puis, dans un discours prononcé au début de janvier 1939, il se lance dans une violente diatribe contre le racisme.

---

5. — Le *New-York Times* écrivait en décembre 1938 : « *Évidemment, la France et l'Angleterre sont bien obligées d'être prudentes, mais nous, pourquoi nous gênerions-nous ?* »

Nos bellicistes n'attendaient que cela pour redresser la tête.

> « Voici qu'un nouvel espoir, qu'un nouvel encouragement nous viennent de l'autre rive de l'Atlantique, écrit Pierre Brossolette dans le Populaire (5 janvier 1939). De telles paroles méritent les applaudissements, certes. Mais elles font plus. Elles nous imposent des devoirs.
>
> « Le président Roosevelt n'est ni un Munichois, ni un pleutre, ni un complice, renchérit Gabriel Péri dans l'Humanité, c'est un homme d'État clairvoyant et courageux. »

Et Albert Bayet, qui n'en rate pas une, écrit dans la *Lumière* :

> « Le président Roosevelt, une fois de plus, s'est fait l'interprète éloquent de la conscience humaine. »

Ainsi, Roosevelt est devenu chez nous le directeur de conscience des avaleurs de sabres. Et lorsque des journaux français — comme ce fut le cas de *Je suis Partout* et de *Gringoire* — font timidement remarquer que si les belles harangues du président nous poussent à la guerre, elles ne nous apportent aucune aide militaire, ces voix sont aussitôt couvertes par les clameurs furieuses des bellicistes. Roosevelt est sacré, Roosevelt est tabou. Défense de formuler la moindre critique contre le pape de la croisade antifasciste. Défense de chercher à comprendre.

Pour un peu, on nous dirait qu'il faut se battre parce que la paix chagrinerait trop le bon président et qu'il ne faut lui faire nulle peine, même légère.

Les gens « bien informés » colportent la « certitude » que les États-Unis sont prêts à marcher et l'ambassadeur Bullitt appuie ces rumeurs de toute son autorité. En février 1939, on annonce qu'au cours d'une conférence de presse, M. Roosevelt a déclaré que la frontière des États-Unis était sur le Rhin. Un député — Juif naturellement — le congressiste E.-V. Isaac qui représente la Californie et qui est membre de la commission des Affaires étrangères, confirme cette rumeur devant le Parlement et déclare bien haut qu'il approuve les propos du président. Cependant, Roosevelt est obligé de démentir (car tous les référendums — cela, on n'en tient pas compte — donnent 90 % des suffrages aux adversaires d'une participation à la croisade) mais à Paris, les bellicistes refusent d'accepter le démenti, ils tiennent la boutade prêtée au président pour un engagement solennel. Ce frénétique acharnement que mettent nos antifascistes à être plus Rooseveltiens que Roosevelt. c'est l'autre aspect, l'aspect parisien du complot contre la paix.

— *On ne prend la peine de démentir*, écrit Kérillis, *que les choses vraies !*

— *M. Roosevelt dément une phrase*, note Paris-soir. *Ce n'est pas dire qu'il souscrit à l'idée contraire.*

— *La mise au point de M. Roosevelt*, affirme la voyante Geneviève Tabouis dans l'Œuvre, *ne change rien au fond de la politique très nette mainte fois affirmée par le président des États-Unis.*

— *Le démenti d'hier*, renchérit l'Ordre, *ne diminue pas la joie que nous avons éprouvée sur le premier moment. Ce qui compte, c'est l'esprit et non la lettre.*

— *La mise au point*, dit Gabriel Péri, dans l'Humanité, *ne modifie pas substantiellement l'esprit de ces propos.*

Et Léon Blum enfin, toujours infaillible, explique sous le titre « *une mise au point qui confirme* » :

— *Le président Roosevelt n'a pas tenu le langage exact qu'on lui a prêté, mais qu'on ne s'avise pas, maintenant, de lui prêter une pensée contraire à celle que son langage exprimait.*

Donc, à Paris, dans le gang belliciste, une volonté farouche de croire au mirage américain, de prendre de vagues promesses, même manifestement fausses, même démenties, pour des engagements formels.

— « *Et s'il me plaît à moi d'être cocu ?* » — et de s'en autoriser pour lancer la France forte de l'« alliance » américaine dans les plus folles aventures.

Le frère de Léon Blum, René Blum, chargé de mission artistique (*sic*) aux États-Unis en 1939, se fait, avec tant d'autres, le champion de l'illusionnisme :

> « *Nous avions perdu du terrain après Munich*, déclare-t-il à la presse. *Mais les récents événements* (la tension franco-allemande) *font remonter notre cote. L'Amérique est un pays sur lequel la France peut compter !* »

Les jobards acceptent ces cajoleries juives sans discuter. De plus en plus l'homme de la rue incorpore chez nous la puissance américaine dans la coalition antifasciste. Et les ministres des « grandes démocraties » ne sont pas moins crédules, ou ils affectent de l'être. La tâche des émissaires de M. Roosevelt en est singulièrement facilitée.

On sait qu'à Paris, Bullitt se multiplie, qu'il fait le siège de nos hommes d'État, qu'il va de l'un à l'autre, prodiguant les conseils de « fermeté », laissant entrevoir une aide miraculeuse et se fâchant tout rouge lorsqu'il croit deviner, chez les bellicistes français, un certain fléchissement.

Les excitations de Bullitt n'ont pas laissé chez nous de trace matérielle. Ras de promesses écrites ! Mais si l'on conservait quelque doute sur le rôle joué par ce singulier diplomate, il suffirait de se rapporter à un rapport envoyé à son gouvernement par M. Jerzy Potocki, ambassadeur de Pologne à Washington. M. Potocki rend compte d'une longue conversation qu'il a eue avec Bullitt, au cours de laquelle l'envoyé de M. Roosevelt a précisé :

L'opinion formelle du président est que la France et l'Angleterre doivent mettre un terme à toute politique de compromis avec les États totalitaires. Elles ne doivent s'engager avec eux dans aucune discussion ayant pour but des modifications territoriales, quelles qu'elles soient.

M. Bullitt donne l'assurance morale (sic) que les États-Unis renoncent à la politique d'isolement et sont prêts en cas de guerre à intervenir de façon active (?) aux côtés de l'Angleterre et de la France.

Le diplomate polonais ajoute :

Bullitt souligna en toute netteté que la France ne devait se prêter à aucun genre d'accord avec Mussolini.

À Londres, mêmes pressions. Roosevelt fait savoir à Chamberlain, après l'occupation de Prague, que si l'Angleterre ne renonce pas à la politique de Munich, il dénoncera le traité de commerce anglo-américain. C'est un véritable ultimatum.

On sait quel fut l'épilogue de cette action diplomatique : la guerre de septembre 1939. Ce n'est point mon intention de trouver des circonstances atténuantes aux misérables qui ont précipité la France dans cette effroyable aventure, mais il convient de noter qu'ils y furent poussés, pour une large part, par le gouvernement américain. Les Juifs de New-York et de Washington avaient atteint leur but, ils avaient lancé l'armée française contre Hitler

Les choses, ensuite, ne se passent pas très exactement comme ils l'avaient escompté. L'armée française est écrasée (sans d'ailleurs que l'Amérique daigne répondre aux signes de détresse de l'affreux petit Reynaud). Et, au lieu d'une victoire de la démocratie juive, c'est l'hitlérisme qui triomphe.

Affreuse déception. Alors, Roosevelt comprend qu'il faut aller plus loin encore et payer de sa personne, ou plus exactement payer avec les cadavres des soldats et des marins yankees offerts en holocauste à la vengeance juive. Il décide que les États-Unis doivent entrer eux-mêmes dans la guerre. Article par article, il se met à grignoter sa propre loi de neutralité pour pouvoir ravitailler l'Angleterre, dernier bastion juif en Europe occidentale qui n'a pu résister jusqu'à ce jour que grâce aux envois de vivres et de matériel des Américains (expédiés d'ailleurs au prix fort).

En septembre 1940, Roosevelt cède à l'Angleterre cinquante vieux destroyers en échange de bases navales prélevées sur l'Empire britannique, puis il obtient du Congrès l'autorisation de prêter de l'argent au gouvernement de Londres. En même temps, les marins américains reçoivent l'ordre de communiquer à la flotte anglaise tous les renseignements qu'ils pourront recueillir sur les mouvements des navires de l'axe.

Roosevelt dépêche dans les Balkans le fameux colonel Donovan, dit « le sauvage Bill » qui est chargé, en étroite liaison avec l'Intelligence Service, de saper par tous les moyens l'influence allemande, de subventionner les terroristes et les saboteurs, de provoquer des insurrections contre les gouvernements qui seraient tentés de composer avec les puissances de l'axe.

En mars 1941, Roosevelt ordonne la saisie de tous les bateaux allemands et italiens réfugiés dans les ports des U.S.A.

Dès qu'éclate à Belgrade le putsch antifasciste du colonel Simovitch, Roosevelt qui a plus ou moins financé ce complot, se hâte d'accorder sa « garantie » aux nouveaux maîtres de la Yougoslavie. Ceux-ci, forts de l'« appui » américain, provoquent le Reich et l'affaire se règle militairement, en dix jours, à la grande confusion des « protecteurs ».

- Le 14 juin 1941, Roosevelt saisit tous les avoirs allemands bloqués aux États-Unis.
- Le 19 juin, un destroyer américain combat à la bombe un sous-marin allemand. Le 7 juillet, des troupes américaines occupent l'Islande, possession danoise.

- Le 10 juillet, la flotte américaine reçoit l'ordre de tirer, *à vue*, sur les navires de l'axe, et le 4 septembre, un destroyer des U.S.A. exécute cet ordre.
- Le 11 septembre, Roosevelt confirme publiquement qu'il a bien ordonné de faire feu sur les navires allemands et italiens.
- Le 17 octobre, nouvel acte de guerre de la flotte américaine.
- Le 6 novembre, un vapeur allemand est capturé en haute mer par des torpilleurs yankees. De plus, les convois anglais sont désormais escortés par des bateaux de guerre américains.

Ainsi, bien que la guerre ne soit pas déclarée, bien que l'état de paix subsiste théoriquement entre les puissances de l'axe et les U.S.A., les Américains ne cessent de multiplier les actes d'hostilité. Cela, bien entendu, sans que le peuple américain soit consulté, par la seule volonté de M. Roosevelt et de ses conseillers juifs. Aux États-Unis l'opposition à la guerre demeure puissante, malgré les frénétiques excitations des pamphlétaires hébreux et le colonel Lindbergh, symbole de la volonté de paix des masses américaines et chef de la puissante ligue *anti-interventionniste America First* (l'Amérique d'abord) conserve assez d'influence sur la majorité de ses compatriotes pour interdire à Roosevelt de franchir *légalement* le Rubicon.

Roosevelt obtient du Congrès tout ce qu'il désire, tous les crédits, tout le matériel nécessaire pour soutenir l'Angleterre, mais il lui reste impossible d'obtenir une déclaration de guerre formelle...

C'est pour cela que s'autorisant des pouvoirs que lui confère la constitution qui fait de lui le chef suprême de l'armée et de la marine, il cherche l'« accrochage », l'incident qui précipitera l'irréparable, qui lui permettra de mater son opposition, sous prétexte d'union sacrée, et de mobiliser pour la croisade antifasciste toutes les forces du pays.

Seulement, la vraie guerre, Roosevelt l'a eue sur un terrain qu'il n'avait pas choisi, contre un adversaire dont il avait sous-estimé la puissance. Car en même temps qu'il encourage la résistance des ennemis de l'Europe nouvelle, Roosevelt poursuit dans le Pacifique de subtiles intrigues et s'efforce d'intimider le Japon en organisant son étranglement économique. Toujours la même illusion des ploutocrates libéraux pour qui tous les problèmes politiques se réduisent à des statistiques de matières premières, à des bilans industriels, cette illusion que le *New-York World Telegram* a exprimée en ces termes :

> *« La nation qui contrôle le commerce et le crédit contrôle le monde et celle qui manœuvre les canons importe peu. »*

Sur le papier, le Japon, pays pauvre, est condamné. Déjà les économistes distingués exécutent sur son cadavre une furieuse danse du scalp. Déjà l'amiral Stirling se fait fort de lui régler son compte en six semaines. Déjà le *New-York Herald Tribune* écrit dans son éditorial du 20 octobre 1941 :

> *« Le moment est particulièrement favorable pour corriger une fois pour toutes les Japonais. »*

Et puis, brutalement, d'un seul coup, le Japon brise l'étreinte anglo-saxonne. Alors se révèle l'infériorité congénitale du colosse américain. En quelques heures la flotte du Pacifique est mise hors de combat, en quelques semaines, les Yankees sont chassés de leurs possessions d'Extrême-Orient. On s'aperçoit — mais nous, nous le savions depuis longtemps — que les États-Unis sont une nation pourrie, affreusement impuissante, incapable de prévoir, de s'organiser, de vaincre, qu'ils sont, en un mot une démocratie, une vraie démocratie.

Ce n'est pas impunément qu'un pays s'abandonne aux Juifs et joue avec les « immortels principes ». Les mêmes microbes provoquent sous toutes les latitudes les mêmes désordres organiques et ce qui a failli tuer la France ne pouvait pas faire de l'Amérique une nation saine.

Les Yankees s'apercevront — trop tard sans doute — du mal que les Juifs leur ont fait. Ils se rendront compte de leur asservissement et de leur avilissement. Ils comprendront que leurs maîtres les ont froidement lancés dans une guerre folle sans autre raison que le désir d'assouvir une vengeance raciale, d'assurer le triomphe mondial d'une race étrangère, profondément étrangère, qui n'amène avec elle, depuis deux mille ans, partout où elle réussit à dominer, que la ruine, la honte, la corruption et la guerre.

Alors ce jour-là, lorsque les Américains comprendront vraiment, il y aura un assez joli pogrom à l'ombre des gratte-ciel.

FIN

TABLE DES MATIÈRES

I. — LE MIRAGE AMÉRICAIN. 7
II. — L'ÉCRASEMENT DES CIVILISÉS. 13
III. — LA TERRE PROMISE. 21
IV. — LE GHETTO DE NEW-YORK. 33
V. — ROOSEVELT OU ROSENFELD ? 45
VI. — LES INSOUMIS 63
VII. — FRAICHE ET JOYEUSE 75

RETROUVEZ TOUTES NOS PUBLICATIONS

SUR LES SITES

- ◆ vivaeuropa.info
- ◆ the-savoisien.com
- ◆ pdfarchive.info
- ◆ freepdf.info
- ◆ aryanalibris.com
- ◆ aldebaranvideo.tv
- ◆ histoireebook.com
- ◆ balderexlibris.com

Librairie Excommuniée Numérique CULUS (CUrieux de Lire des Usuels)

Lisez aussi

ÉDITION ORIGINALE

NON CENSURÉE 1956 - 2020.

Documents authentiques

―◆―

— Ami, entends-tu le vol lourd… —

Au delà du père Ubu — Tout ce joli monde — La Braderie — Les bons copains — Les grands frères slaves — Les têtes carrées — Du neuf, du raisonnable et du constructif.

―◆―

Pierre-Antoine Cousteau, né le 18 mars 1906, à Saint-André-de-Cubzac et mort le 17 décembre 1958 à Paris, est un journaliste et polémiste français.

Collaborationniste convaincu pendant l'occupation allemande, il est l'une des plumes du journal « *Je suis partout* ». Condamné à la Libération, sauvé par son frère Jacques-Yves Cousteau qui intercéda auprès du général de Gaulle, il reprend ensuite sa carrière et travaille dans des journaux comme « Rivarol ».

Le 23 novembre 1946 un grand monsieur glabre, revêtu d'une ravissante robe rouge agrémentée de lapin blanc m'annonça assez sèchement que j'étais condamné à mort.

C'était déplaisant, mais c'était sérieux. Très sérieux. Je ne connais rien de plus sérieux que des canons de fusil convenablement orientés.

Cinq mois plus tard, un petit monsieur glabre — mais sans robe, celui-là vint m'informer dans ma cellule que, tout bien réfléchi, la République ferait l'économie de ses douze balles et que ma peine était commuée en travaux forcés à perpétuité.

C'était plaisant. Mais ça n'était pas sérieux. Plus sérieux du tout.

Et généralement, lorsqu'on en sort, on ne dégouline pas de miséricorde. Imagine-t-on d'ailleurs système répressif plus saugrenu ?

Broché : 196 pages
ISBN-13 : 979-8606404162

Amazon Prix : 26 €

www.ingramcontent.com/pod-product-compliance
Lightning Source LLC
LaVergne TN
LVHW091604060526
838200LV00036B/995